KALAHARI
Wildes Afrika

LORENZ A. FISCHER · JUDITH BURRI

KALAHARI
Wildes Afrika

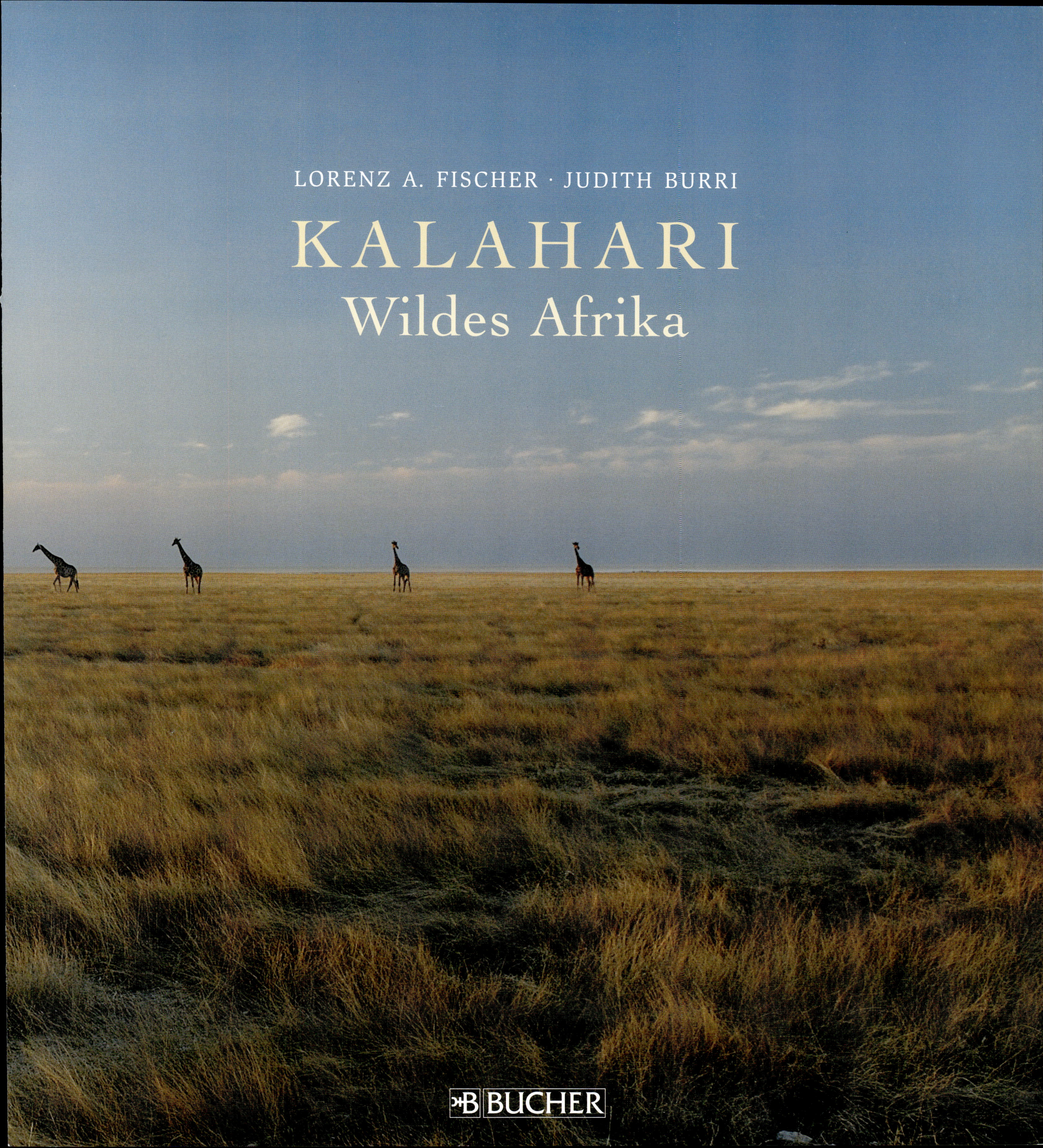

BUCHER

Wie Tränen laufen zwei schwarze Streifen über das Gesicht von Geparden. Sie weinen um ihre verlorenen Kinder, sagt die Legende. Denn von den bis zu fünf Jungen eines Wurfs bringt eine Gepardin meistens nur ein bis zwei durch.

KALAHARI - Wildes Afrika

»Was die Anzahl großer Vierfüßer angeht, so gibt es gewiss keinen Teil des Erdballs, der einem Vergleich mit dem südlichen Afrika standhält.«

CHARLES DARWIN
»DIE FAHRT DER BEAGLE«
1839

Genüsslich reibt sich ein junger Elefant an einem Baumstamm, um Hautparasiten wie Flöhe und Zecken zu entfernen.

VORWORT

VOR ZEHN JAHREN REISTEN WIR DAS ERSTE MAL nach Botswana – mitten in die Kalahari. Mit einem Geländewagen und einem Vorrat an Wasser, Benzin und Lebensmitteln fuhren wir tagelang durch unberührte und menschenleere Gegenden. Fasziniert entdeckten wir eine für uns neue Welt, die noch von wilden Tiere beherrscht wird. Abends saßen wir am Feuer, lauschten fremden Lauten und lernten nach und nach, sie zu deuten. Die Tage verbrachten wir an Wasserstellen, wo sich im immer gleichen Rhythmus die afrikanischen Tiere zum Trinken einfanden. Staunend beobachteten und fotografierten wir die großen Elefanten- und Büffelherden am Chobe, die seltenen Wildhunde im Moremi und die Löwen bei der Jagd.

Unsere Leidenschaft für das wilde Afrika hat uns immer wieder in die Kalahari geführt. Inzwischen haben wir insgesamt über ein Jahr in den Nationalparks von Botswana, Namibia und Südafrika verbracht. Während der letzten Reisen arbeiteten wir sechs Monate gezielt an diesem Bildband und an einer Multivisionsshow.

Dieser Bildband ist in drei Teile gegliedert, die den vorherrschenden Lebensräumen der Kalahari entsprechen: der Savanne, den Salzpfannen sowie den Flüssen, denen wir auch das Okavangodelta zugeordnet haben. Jedes dieser drei Kapitel enthält von uns erlebte und recherchierte Geschichten. Sie erzählen von Begegnungen mit wilden Tieren, urtümlichen Landschaften und Menschen, deren Vorfahren bereits seit der Steinzeit in der Kalahari lebten. Mit unseren Bildern möchten wir so unmittelbar wie möglich in dieses Naturparadies fernab der Zivilisation entführen.

EINLEITUNG

GOLDGELBE SAVANNE, SO WEIT DAS AUGE REICHT. Antilopen- und Zebraherden ziehen in der Kühle des Morgens grasend über die Ebene. Eine Erdmännchenfamilie steht verschlafen in der Sonne, um sich aufzuwärmen. Zwei Geparden sind nach erfolgloser Jagd im ausgetrockneten Flussbett auf der Suche nach einem schattigen Ruheplatz. Eine Oryxantilope auf der roten Sanddüne erhofft sich in der Mittagshitze vom aufsteigenden Wind Abkühlung. Elefanten am Wasserloch vertreiben im Gegenlicht der untergehenden Sonne einen durstigen Schakal. Mächtiges Löwengebrüll in der sternenklaren Nacht, unterbrochen vom Kichern der Hyänen, die sich mit den Löwen um die Beute streiten. Das ist die Kalahari, das Afrika unserer Phantasien oder, wie Nelson Mandela sagt, das Afrika der Mythen und Legenden.

Die Kalahari ist ein riesiges, mit Sand gefülltes Becken im südlichen Afrika. Sie reicht vom Norden Südafrikas über Botswana und den Osten Namibias bis nach Simbabwe, Sambia, Angola und in den Kongo hinein. Mit über einer Million Quadratkilometern ist sie drei Mal so groß wie Deutschland. Die größte zusammenhängende Sandfläche der Welt ist jedoch keine Wüste. Auf dem Sandboden wachsen je nach Niederschlag und Grundwasser Gras, Sträucher und Bäume.

Trotzdem sind die Lebensbedingungen für Menschen, Pflanzen und Tiere hart. Die Temperaturen schwanken extrem. Im Sommer wird es über 40 °C heiß, im Winter kann es bis zu minus 10 °C abkühlen. Die spärlichen Niederschläge der Regenzeit versickern schnell. Die Landschaft ist sehr trocken und oberirdisches Wasser meist nur vorübergehend vorhanden. Es gibt fast keine Seen und Flüsse. Raffinierte Anpassungen an die Trockenheit und die unermüdliche Suche nach Wasser prägen deshalb das Leben in der Kalahari. Wo aber Wasser vorhanden ist, trifft man auf eine atemberaubende Artenvielfalt afrikanischer Großtiere.

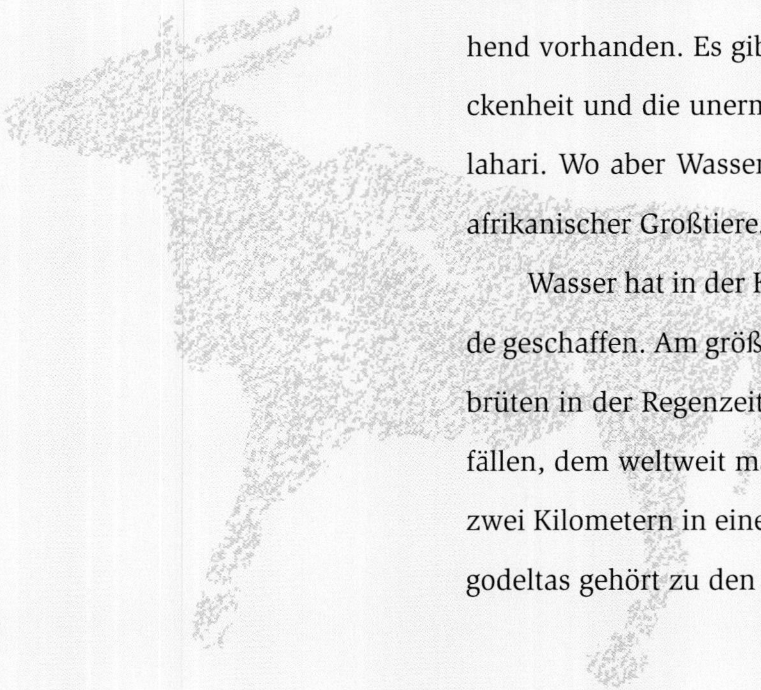

Wasser hat in der Kalahari auch einige der faszinierendsten Landschaften unserer Erde geschaffen. Am größten ausgetrockneten Salzsee der Welt, den Makgadikgadi-Pfannen, brüten in der Regenzeit Hunderttausende Wasservögel aus ganz Afrika. Bei den Victoriafällen, dem weltweit mächtigsten Wasserfall, stürzt der Sambezi auf einer Breite von fast zwei Kilometern in eine über hundert Meter tiefe Schlucht. Das Sumpfgebiet des Okavangodeltas gehört zu den artenreichsten und vielfältigsten Naturwundern dieser Erde.

Die Viktoriafälle wurden durch die UNESCO zum Weltnaturerbe für die Menschheit erklärt. Das Okavangodelta ist gemäß RAMSAR-Konvention von 1975 ein Feuchtgebiet von internationaler Bedeutung.

Jahrtausendelang war die Kalahari nur von den Buschleuten, einem Jäger- und Sammlervolk, besiedelt. Schwarze Hirtenvölker und später die weißen Viehzüchter blieben in der Nähe der Flüsse. Erst nachdem im letzten Jahrhundert mit Bohrlöchern das Grundwasser angezapft werden konnte, drangen sie auch in die zentrale Kalahari vor. Trotzdem ist die Siedlungsdichte bis heute gering, denn das karge Land gibt nur wenig her. Große Gebiete der Kalahari sind immer noch unbesiedelt. Unbeeinflusst von Menschen blieb dort die ursprüngliche afrikanische Wildnis erhalten.

Oryxantilopen haben sich perfekt an sehr trockene Lebensräume wie das Central Kalahari Game Reserve in Botswana angepasst. Sie brauchen kein Wasser und schwitzen erst, wenn sie sich lebensbedrohlich zu überhitzen drohen. Ihre natürliche Körpertemperatur kann bis auf 45 °C ansteigen. Ein raffiniertes Netzwerk von Blutgefäßen im Nasenbereich kühlt das Blut auf verträgliche 40 °C ab, bevor es ins empfindliche Hirn gelangt.

SEITE 18/19 *In der Trockenzeit belagern Elefantenbullen die Wasserlöcher von Savuti im Chobe-Nationalpark, Botswana.*

SAVANNEN

SEIT MONATEN IST KEIN REGEN GEFALLEN. Die Suche nach Wasser und Nahrung bestimmt das Leben in der afrikanischen Savanne. An den letzten Wasserlöchern herrscht Hochbetrieb – ein ständiges Kommen und Gehen. Viele Tiere legen täglich weite Wege zwischen den Tränken und ihren Weidegebieten zurück. Gnus und Zebras beweiden in kleinen Gruppen das kurz gefressene goldgelbe Gras; Antilopen, Giraffen und Elefanten verzehren die letzten vertrockneten Blätter der Bäume und die geschwächten Beutetiere locken Löwen, Hyänen, Leoparden, Geparden und Wildhunde an.

Im Oktober beginnt sich die Feuchtigkeit am wolkigen Himmel zu sammeln. Die Hitze ist fast unerträglich. Tiere und Menschen beschränken ihre Aktivitäten auf das Nötigste. Unter jedem Busch stehen dicht gedrängte Tiergruppen im spärlichen Schatten. Dann, endlich die Erlösung, ein heftiges Gewitter bringt Wasser und Abkühlung. Die Natur erwacht zu neuem Leben. Schon nach wenigen Tagen sprießt es grün aus dem Sandboden hervor. Aus dem zuvor steinharten Lehm graben sich wundersam die Ochsenfrösche, Termiten fliegen zu Millionen aus, um nach der Hochzeit einen neuen Staat zu gründen und in vorher ausgestorbene Gebiete wandern wieder Elefanten und Antilopen ein, denn Wasser und Nahrung sind jetzt im Überfluss vorhanden. Der dramatische Wechsel zwischen Trocken- und Regenzeiten ist typisch für die Savanne.

Nirgendwo sonst auf der Welt gibt es eine solche Vielfalt an großen Säugetieren. Bei uns Menschen wecken die Savannen Afrikas ein Gefühl von Wildnis und Abenteuer. Der Blick über das weite offene Grasland verliert sich in unserer Vergangenheit, als hier vor Jahrmillionen unsere Urahnen ums Überleben kämpften. Heute entfaltet sich das ursprüngliche Tierleben in den für europäische Begriffe riesigen Schutzgebieten.

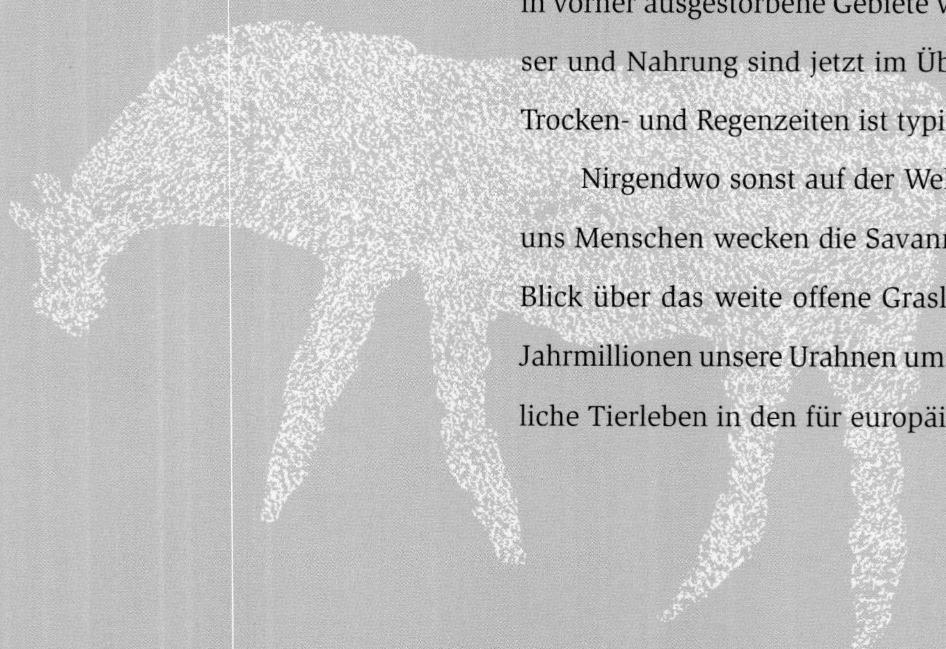

Nach monatelanger Trockenheit hat der erste Regen im Oktober die Lehmpfannen im Chobe-Nationalpark wieder mit Wasser gefüllt.

OBEN *Wenn die Erdmännchen in der südlichen Kalahari nach Insekten oder Skorpionen graben, beobachtet immer ein Wachposten die Umgebung. Mit ihren unglaublich scharfen Augen können sie einen gefährlichen Raubvogel von einem ungefährlichen Geier auf eine Distanz von zwei Kilometern unterscheiden. Bei Gefahr flüchten sie in Erdlöcher, die sie überall in ihrem Revier angelegt haben.*

RECHTS *Im Kgalagadi Transfrontier Park wühlt ein Springbock mit seinen Hufen den Schlamm auf. Dadurch reichert er sein Trinkwasser mit den wertvollen Mineralien des Bodens an.*

SEITE 24/25 *Im Chobe-Nationalpark in Botswana leben so viele Elefanten wie nirgendwo sonst in Afrika. Tag und Nacht herrscht deshalb in der Trockenzeit bei den Wasserlöchern von Savuti Hochbetrieb.*

LEISE RIESEN
DIE ELEFANTEN DES CHOBE-NATIONALPARKS

EIN SÜSSLICHER GESTANK ERFÜLLT DIE LUFT. Geier zanken sich am verrottenden Fleischberg. Die Flügel weit aufgespannt, hüpfen Neuankömmlinge ins Gewühl. Einer nach dem anderen verschwindet im Bauch des Kadavers, um einen Leckerbissen zu erobern. Eine Hyäne reißt unbeirrt ein neues Loch in die zähe Haut und zerrt mit blutverschmiertem Gesicht einen großen Bissen Fleisch aus dem Kadaver.

Viele Stunden verbringen wir bei dem toten Elefantenbullen. Vor einigen Tagen ist er an einem Wasserloch in Savuti an Altersschwäche gestorben. Verstört vom Tod ihres Artgenossen wagen sich die anderen Elefanten kaum mehr zur Tränke. Deshalb schleifen die Parkranger den Kadaver einige Hundert Meter vom Wasserloch weg. Die Elefanten beruhigen sich wieder und akzeptieren den Tod des Kameraden. Zwei Elefantenbullen besuchen ihn auf dem Weg vom Wasserloch in den Busch. Unwirsch verjagen sie die Geier und Hyänen. Mit ihren sensiblen Rüsseln betasten sie sanft den Toten. Nach einer halben Stunde des Trauerns überlassen sie den Kadaver wieder den Aasfressern.

Elefanten leben in komplexen sozialen Beziehungen und zeigen Gefühle wie Trauer, Freude, Liebe und Eifersucht. Kürzlich haben Forscher entdeckt, dass Elefanten sich selbst im Spiegel erkennen, also über eine Art Ich-Bewusstsein verfügen müssen. Außer bei uns Menschen ist dies nur von großen Affen und Delfinen bekannt. Elefanten verständigen sich zudem untereinander in einer eigenen Sprache. Bisher wurden 70 verschiedene Laute entschlüsselt. Die tiefen Töne im Infraschallbereich sind für das menschliche Ohr nur mit technischen Hilfsmitteln hörbar. Elefanten kommunizieren mit diesen Tönen über viele Kilometer hinweg. Interessant ist, dass weibliche Elefanten deutlich mehr miteinander reden als männliche.

Erwachsene Elefantenbullen leben allein, pflegen aber lose Freundschaften mit anderen Bullen. In der Trockenzeit halten sich viele der mächtigen alten Bullen des Chobe-Nationalparks in Savuti auf. Täglich wandern sie an eines der wenigen Wasserlöcher, um zu trinken. Ist der Platz bereits besetzt, entscheiden Kraft und Körpergröße darüber, wer das Wasserloch für sich beanspruchen darf. Ein kleinerer Elefant wird auch schon einmal mit einem gezielten Stoß in sein Hinterteil zurechtgewiesen.

Die mächtigen Elefantenbullen teilen am frühen Morgen das Wasserloch mit zahlreichen durstigen Kaptäubchen.

OBERE REIHE *Wenn ein Elefant stirbt, haben Hyänen, Geier und auch Löwen reichlich zu fressen. Geier treffen meistens als Erste bei dem Kadaver ein. Hyänen beobachten den Flug der Vögel und folgen ihnen. Hyänen besitzen das kräftigste Gebiss im Tierreich und können selbst dicke Knochen aufbrechen. In kurzer Zeit sind von dem grauen Koloss nur noch der Schädel und ein paar große Knochen übrig.*

UNTEN LINKS *Verstört reagiert eine Elefantenherde, als sie auf dem Weg zum Wasserloch auf den Kadaver eines kürzlich verstorbenen Bullen trifft. Elefanten trauern um Artgenossen. Besonders nahe geht ihnen der Tod eines Familienmitglieds. Dann bleiben sie oft tagelang beim Kadaver, als ob sie Abschied nehmen wollten.*

UNTEN RECHTS *Das Wasserloch wird erst wieder von den Elefanten besucht, wenn die Parkranger das tote Tier einige Hundert Meter vom Wasserloch weggeschleift haben.*

Elefanten trinken regelmäßig mindestens 70 bis 90 Liter täglich. Bei großem Durst können es bis zu 150 Liter sein. Auch ein Warzenschwein versucht zwischen den riesigen Elefantenleibern ans Wasser zu gelangen. Die Madenhacker auf seinem Rücken ernähren sich von seinen Flöhen, Milben und Zecken.

OBEN LINKS *Nach dem Trinken widmen sich Elefanten der Körperpflege. Dazu bespritzen sie sich mit Wasser und Schlamm. Die Kleinen stellen sich dabei noch etwas tollpatschig an.*
OBEN RECHTS *Unter dem Bauch der Mutter finden Elefantenbabys Geborgenheit und Schutz vor der Sonne.*
UNTEN LINKS *Die Elefantenhaut ist stellenweise bis drei Zentimeter dick, aber trotzdem sehr empfindlich. Ein Elefant spürt jede Fliege, die auf ihm landet.*

UNTEN RECHTS *Eine Elefantenfamilie verbringt die Mittagshitze dicht gedrängt im Schatten. Elefanten schwitzen nicht, geben aber Wärme über die großen, gut durchbluteten Ohren ab.*

Die Elefanten von Botswana sind die größten der Welt. Die Bullen werden bis vier Meter hoch und sieben Tonnen schwer. Ihre Stoßzähne allerdings sind kleiner als die der Elefanten in Kenia. Da die Nahrung in der Kalahari nur wenige Mineralien enthält, nutzen sich die Zähne schneller ab.

Immer wieder staunen wir, wie leise sich die bis zu sieben Tonnen schweren Riesen fortbewegen. Ein Fettkissen zwischen Fuß und Sohle dämpft ihren Schritt. Oft nehmen wir einen Elefanten erst wahr, wenn er schon fast neben uns steht.

Die alten Elefantenbullen in Botswana sind sehr friedlich. Nach mehreren Jahrzehnten Lebenserfahrung lässt sich ein Elefant kaum mehr aus der Ruhe bringen. In der Musth aber, einer Art Brunst, verwandelt ihn Testosteron in einen angriffslustigen Raufbold. Auf der Suche nach einer fruchtbaren Elefantenkuh hinterlässt er tröpfelnd eine stechend riechende Urinspur. Aus seinen Schläfendrüsen rinnt Temporin, ein Geruchssignal, das anderen Elefanten seinen Zustand signalisiert. Diese gehen ihm aus dem Weg. Nur ein an-

derer hormongesteuerter Musth-Bulle nimmt es mit ihm auf. Um eine Elefantenkuh tragen sie heftige Kämpfe aus. Nur der Gewinner darf sich mit dem Weibchen paaren.

Wir verlassen das Gebiet der Elefantenbullen in Savuti und fahren in den Norden an den Fluss Chobe. In der Trockenzeit versammeln sich dort Hunderte von Elefantenfamilien. Angeführt von einer erfahrenen Leitkuh, kümmern sich die Familien aus Schwestern und Töchtern um den Nachwuchs. Am frühen Morgen finden wir sie gemächlich Gras und Laub fressend im Busch. Geschickt drehen sie einzelne Zweige im Maul, bis sie die Rinde abgeraspelt haben. Um an die Blätter in den Kronen zu kommen, zögern sie nicht, den ganzen Baum umzustoßen. Bis zu 200 Kilogramm Pflanzenmaterial verzehrt ein Elefant

Am Wasserloch herrscht das Recht des Stärkeren. Der größte Elefant besetzt den besten Platz. Gleich große Elefanten messen ihre Stärke durch Kopfdrücken. Nur Elefanten in der Musth, einer Art Brunst, tragen ernsthafte Kämpfe aus. Durch die vorübergehende Aggressivität vertreiben sie sogar größere Kontrahenten.

pro Tag. Das Hinterland am Chobe sieht deshalb gegen Ende der Trockenzeit ziemlich verwüstet aus. Im Norden Botswanas leben 120 000 Elefanten, so viele wie sonst nirgends auf der Welt. Der Bestand ist so groß, dass sich die Elefanten von hier aus in die Nachbarländer Namibia, Angola, Simbabwe und Sambia ausbreiten.

Wie die Elefantenfamilien verbringen wir die Mittagshitze im Schatten eines Baumes. Als es am Nachmittag etwas abkühlt, fahren wir an den Fluss. Auch die Elefanten ziehen ans Wasser. Befreundete Familien begrüßen sich freudig, indem sie sich gegenseitig den Rüssel ins Maul stecken und an den Schläfendrüsen schnüffeln. Nachdem sie ausgiebig getrunken haben, widmen sie sich der Körperpflege, denn ihre empfindliche Haut benötigt Schutz vor der Sonne und vor Parasiten. Mit ihrem Rüssel bespritzen sie sich mit Schlamm, einige wälzen sich genießerisch im Dreck, andere gönnen sich etwas abseits ein Vollbad, wobei nur noch der Rüssel als Schnorchel aus dem Wasser ragt. Das tägliche Ritual endet mit einem Staubbad. Der ganze Körper wird zum Schutz mit dem hellen Sand eingepudert.

Zwischen den riesigen Leibern trollen sich spielend die Elefantenkinder. Sie werden von ihren Müttern umsorgt, aber auch ihre Tanten und älteren Schwestern beschützen und erziehen sie. Mit unbändiger Lebensfreude erkunden sie die Welt und erlauben sich allerlei Schabernack. So verfolgt einer der Kleinen trompetend ein Warzenschwein. Im Mittelpunkt der Aufmerksamkeit steht aber ein Winzling. An seinen rosa Ohren erkennt man, dass er erst wenige Tage alt ist. Der Rüssel schlenkert beim Gehen ziellos umher, ungeschickt fällt er beim kleinsten Hindernis um, was sofort hektische Sorge auslöst. Von allen Seiten helfen ihm die erwachsenen Weibchen wieder auf die Beine. Sie alle haben sich vor ungefähr einer Woche an seiner Geburt beteiligt, denn die Geburt ist, wie der Tod, ein besonderes Ereignis in einem Elefantenleben, an dem die ganze Familie Anteil nimmt.

Elefantenbullen sind Einzelgänger. Nur vorübergehend ziehen befreundete Bullen in kleinen Gruppen umher. Oft kümmert sich ein alter Bulle aber um einen Halbwüchsigen, der erst vor Kurzem seine Familie verlassen hat.

»Ich träume, dass die Einheit Afrikas verwirklicht wird und seine Führer ihre Anstrengungen bündeln, um die Probleme dieses Kontinents zu lösen. Ich träume von unseren weiten Wüsten, unseren Wäldern und unserer großartigen Wildnis.«

NELSON MANDELA, 1918
ERSTER DEMOKRATISCH GEWÄHLTER
PRÄSIDENT VON SÜDAFRIKA (1994)

LINKS *Tausende Zebras wandern in der Trockenzeit im Makgadikgadi-Nationalpark täglich von ihren Weiden zu den Wasserstellen am Boteti-Fluss.*

OBEN *Aus Angst vor Löwen sind Zebras an der Tränke nervös und schreckhaft. Immer wieder ergreifen sie nach falschem Alarm die Flucht, um kurz darauf wieder ans Wasser zurückzukehren.*

SEITE 36/37 *Geführt von ihren Leitkühen ziehen gegen Abend Dutzende Elefantenfamilien an den Chobe-Fluss.*

OBERE REIHE *Der Grundhornrabe (links) pickt im Gras nach Insekten, Eidechsen oder Schlangen. Gaukler (Mitte) sind nach ihrem akrobatischen Flug mit schnellen Richtungswechseln, Sturzflügen und Saltos benannt. Sie verbringen fast den ganzen Tag in der Luft. Der Ohrengeier (rechts) badet nach einem blutigen Mahl in einem Wasserloch im Kgalagadi Transfrontier Park.*
UNTEN LINKS *Samenkapseln und Früchte sind für den großen Kudubullen ein willkommenes Mahl, wenn in der Trockenzeit viele Bäume und Sträucher ihre Blätter verloren haben.*
UNTEN RECHTS *Warzenschweine fressen Gras und graben nach Wurzeln und Kleingetier. Der merkwürdig lange und flache Kopf wird dabei als Hebel eingesetzt.*

OBEN *Elenantilopen überleben wie viele an die Trockenheit angepasste Tiere ohne Trinkwasser. Sie fressen nachts, denn dann haben die Pflanzen einen höheren Wassergehalt, weil sie Feuchtigkeit aus der abgekühlten Luft aufnehmen.*

RECHTS *Streifengnus müssen regelmäßig trinken. In der Trockenzeit wandern sie zu ganzjährig Wasser führenden Löchern und Flüssen. Sobald es regnet, machen sie sich zielsicher auf den Weg zum frisch sprießenden grünen Gras.*

SEITE 44/45 *Schakale streiten sich am Savuti-Wasserloch des Chobe-Nationalparks. Der Elefantenbulle hebt den Rüssel, um besser Witterung aufnehmen zu können.*

VON DER STEINZEIT IN DIE MODERNE
BUSCHLEUTE, UREINWOHNER DES SÜDLICHEN AFRIKA

TJOU, BESSA UND DIE BEIDEN JUNGEN Thomas und /Khi-/Khao (»/« sind Klicklaute, Anm. d. Red.) sitzen vor der Grashütte am abendlichen Feuer. Bekleidet sind sie nur mit einem abgewetzten Lendenschurz aus Springbockleder. Tjou stopft etwas Tabak in einen Insektenkokon, zündet ihn am Feuer an und raucht genüsslich. Bessa erzählt den Jungen von ihren Erlebnissen auf der Jagd. Fasziniert von der melodiösen Sprache mit Schnalz- und Klicklauten, versuchen wir, den Sinn der Geschichte zu verstehen.

Wegen dieser »tierähnlichen Laute« wurden die Buschleute im 17. Jahrhundert von den europäischen Kolonisten als Wilde angesehen. Die Anthropologen des 19. Jahrhunderts glaubten gar, sie seien das fehlende Bindeglied vom Affen zum Menschen. Heute werden sie in Europa als letzte Überlebende einer aussterbenden Kultur, die noch in Frieden und Harmonie mit ihrer Umwelt leben, bewundert.

Am nächsten Morgen treffen wir Thomas in Jeans, Ledermantel, Sonnenbrille und coolem roten Hut. Seine Mutter nennt den Teenager humorvoll »Gangster«. Die Familien von Tjou und Bessa leben als Angestellte der Lodge »Intu Afrika« in gemauerten Unterkünften. Auf sogenannten Bushman-Walks führen sie Touristen in den Busch und vermitteln ihnen einen Einblick in ihr traditionelles Leben.

Die Buschleute sind die Ureinwohner des südlichen Afrika. Bis 27 000 Jahre alte Felsgravuren und -malereien zeugen von ihrer Vergangenheit. Ihre Sprache gehört zu den ältesten der Welt. Als nomadische Jäger und Sammler bevölkerten sie jahrtausendelang in kleinen Gruppen die Kalahari. Über 2500 Kilometer legten sie jährlich auf der Suche nach Wasser und Nahrung zu Fuß zurück. Ihr Wissen über die Pflanzen und Tiere der Kalahari ist beeindruckend, ihr Ruf als Meister des Spurenlesens bis heute legendär. Ohne Häuptlinge oder Könige wurden Probleme und Entscheidungen von den Frauen und Männern der gesamten Gruppe gleichberechtigt besprochen.

Heute leben im südlichen Afrika noch etwa 100 000 Buschleute, ein Drittel davon in Namibia. Sie gehören zur ärmsten und am wenigsten angesehenen Bevölkerungsgruppe. Ohne Rechte auf Land und seine Ressourcen leben viele als billige Arbeiter auf Farmen oder als Empfänger von Sozialhilfe am Rand von größeren Siedlungen. Mehr als 60 Pro-

Buschleute sind die Ureinwohner des südlichen Afrika. Noch bis vor wenigen Jahrzehnten streiften sie als nomadische Jäger und Sammler durch die Kalahari.

Bei der Jagd pirschen sich Buschleute bis auf 30 Meter an ihre Beute heran. Dann schießen sie einen Giftpfeil ab. Da das Gift langsam wirkt, machen sie sich erst am nächsten Tag auf die Suche nach dem verwundeten Tier. Sie folgen seinen Spuren, bis sie das Tier finden, das erschöpft zusammengebrochen ist, aber oft noch lebt. Mit einem Speer versetzen sie ihm den erlösenden Todesstoß.

zent sind Analphabeten, viele sind arbeitslos. Ihre traditionellen Fähigkeiten sind in der modernen Welt nicht gefragt.

Während die mangelnde Schulbildung die Buschleute von der modernen Welt ausschließt, verhindert der fehlende Zugang zu Land und Ressourcen die traditionelle Lebensweise. Auf der Suche nach einem Nebeneinander von Tradition und Moderne fahren wir zum Nyae Nyae Conservancy. In Tsumkwe lernen wir N/iaci kennen. Er ist der Sohn des Dorfvorstehers von Makuri und arbeitet als Übersetzer. Die fünf Familien, die in Makuri leben, gehören zu den 2500 Ju/íhoan, die bis vor wenigen Jahrzehnten noch als Jäger und Sammler durchs Gebiet zogen. Inzwischen sind sie sesshaft geworden. Ihre Kinder besuchen die Schule. Als einzige Buschleute in Namibia besitzen sie ein Landrecht. Das ermöglicht ihnen die Nutzung der vorhandenen Ressourcen durch Jagen und Sammeln. Doch

durch die sesshafte Lebensweise werden die Wege, die zur Nahrungssuche zurückgelegt werden müssen, immer länger. In der Trockenzeit sind Feldfrüchte und Wild in der Umgebung des Dorfes nur spärlich vorhanden. Jagen und Sammeln kann daher nur noch einen Teil der Nahrung abdecken.

Um etwas zu verdienen, laden die Bewohner von Makuri Touristen ein, an traditionellen Aktivitäten teilzunehmen. Im Gegensatz zum Angebot vieler Lodges, wo den Touristen eine Show geboten wird, gehören in Makuri die Aktivitäten noch zum Alltag. Wir fühlen uns in eine andere Zeit versetzt, als Tasa mit ihrem Grabstock eine wasserhaltige Wurzel ausgräbt, die wir gleich vor Ort verzehren, um unseren Durst zu löschen. Oder wenn uns die Männer von ihrem letzten Jagdausflug zur Salzpfanne berichten, wo sie in Löchern versteckt auf Kudu-Antilopen warteten, um sie dann mit Giftpfeilen zu erlegen.

Das Fleisch wird immer unter der gesamten Gruppe aufgeteilt. Das erlegte Tier gehört aber nicht unbedingt dem erfolgreichen Schützen, sondern dem Besitzer des Pfeils. Da Buschleute ihre Beziehungen durch gegenseitige Geschenke pflegen, hat jeder Jäger auch Pfeile von anderen Jägern im Köcher.

Auf der Lodge »Intu Afrika« in der Nähe von Mariental in Namibia arbeiten Buschleute als Angestellte. Sie führen Touristen zu Fuß in den Busch und demonstrieren dort ihre alte Lebensweise als Jäger und Sammler. Sie leben jedoch nicht mehr traditionell in Grashütten, sondern wie das übrige Lodgepersonal in gemauerten Unterkünften. Nach Feierabend tauschen sie ihre Lederumhänge gegen moderne Kleidung.

OBEN LINKS *Die Kinder der Buschleute von »Intu Afrika« wachsen unbekümmert auf. Buschleute erziehen ihre Kinder antiautoritär und gehen sehr liebevoll mit ihnen um.*
UNTEN LINKS *Für die Buschleute gehören Musik und Gesang zum Alltag. Bessa spielt in seiner Freizeit Gitarre.*

OBEN RECHTS *Die Familie amüsiert sich über das unzufrieden plärrende Kleinkind. Es wird aber nicht lange dauern, bis sich jemand um die Kleine kümmert.*
UNTEN RECHTS *I'Khaitieb genießt die Mittagspause im Kreis seiner Familie. Besonders stolz ist er auf seinen kleinen Sohn.*

Verantwortlich für die Herstellung der Giftpfeile sind die beiden erfahrenen alten Männer des Dorfes. Sie führen uns zu einem der wenigen Orte, wo unter Balsambüschen die Larve des Diamphidia-Blattkäfers zu finden ist. Aus ihr wird das Nervengift für die Giftpfeile gewonnen. Nach über einer Stunde haben sie sieben Käferlarven ausgegraben. Zurück im Dorf werden die Larven zerdrückt und mit etwas Pflanzensaft und Spucke vermischt. Dann tragen die alten Männer das Gift vorsichtig hinter der Pfeilspitze eines neu hergestellten Pfeils auf. Die Arbeit scheint ihnen große Freude zu bereiten. Sie schwelgen in Erinnerungen an vergangene Zeiten, als sie selber noch auf die Jagd gingen. Das Gift wirkt langsam aber tödlich. Eine große Antilope verendet erst nach zwei bis drei Tagen. Die Jäger kehren deshalb nach dem Schuss ins Dorf zurück und nehmen erst am nächsten Tag die Fährte nach dem getroffenen Tier wieder auf.

Den Abend verbringen wir mit der Familie von N/iaci am Feuer vor der Hütte. Bei einer Tasse Tee werden die Erlebnisse des Tages ausgetauscht. Es wird viel gelacht. Als es dunkel wird, setzen sich die Frauen um ein grosses Feuer in der Mitte des Dorfes. Rhythmisch in die Hände klatschend, beginnen sie zu singen. Der für unsere Ohren eintönige Gesang verfehlt seine hypnotische Wirkung nicht. Mit kurzen stampfenden Schritten finden sich die Männer zum Tanz um die Frauen ein. Die Tänzer improvisieren immer neue Figuren. Auch der 70-jährige Kaece entpuppt sich als leidenschaftlicher Tänzer. Nicht mehr so beweglich wie die Jüngeren nimmt er, gestützt auf seinen Stock, am Tanzspektakel teil. »Die Lieder haben keine Worte«, erklärt uns N/iaci, »die Tänze sind benannt nach dem Regen, der Sonne, der Giraffe oder anderen bedeutungsvollen Dingen«. Dann wird auch der eher ernste und zurückhaltende N/iaci von der Kraft des Tanzes mitgerissen.

OBEN *Der Dorfvorsteher Kaqece Ikaece (rechts) und sein gleichnamiger Jugendfreund Kaqece Iui (links), die beiden ältesten Männer vom Dorf Makuri, stellen Giftpfeile her.*
UNTEN *Die Pfeilspitze bleibt frei vom Gift des Blattkäfers, damit es für den Jäger nicht tödlich endet, wenn er sich versehentlich die Haut ritzt.*

OBEN *Die Buschleute von Makuri singen und tanzen leidenschaftlich gern. Singend und klatschend gibt Tasa Boo zusammen mit den anderen Frauen den Takt für den Tanz vor.*

RECHTS *Die Männer tanzen im Kreis um die Frauen herum. Ikaece Kaqece, der älteste Sohn des Dorfvorstehers, führt die Männergruppe an.*

SEITE 56/57 *Auch die Felsgravuren von Twyfelfontein in Namibia wurden von den Ahnen der heutigen Buschleute angefertigt.*

LINKS *Als Mann, Frau und Kind bezeichnen die Buschleute die Granithügel der Tsodilo Hills. Der Mann, die höchste Erhebung in Botswana, ragt nur 410 Meter über die Ebene heraus. 4500 Felsmalereien und zahlreiche archäologische Fundstücke erzählen von menschlichen Aktivitäten aus den letzten 100 000 Jahren. Die Tsodilo Hills wurden 2001 von der UNESCO zum Weltkulturerbe erklärt.*

OBEN *Die Felsmalereien stammen von Vorfahren der Buschleute. Heute nimmt man an, dass Schamanen in den Bildern ihre Tranceerfahrungen malten.*

Das gefleckte Fell von Löwenkindern verschwindet normalerweise im ersten Lebensjahr. Bei den hellen Löwinnen in der südlichen Kalahari bleiben die Flecken aber an den Beinen auch später noch sichtbar. Junge Löwen werden von Müttern und Tanten gemeinsam aufgezogen. Oft haben mehrere Weibchen im Rudel etwa gleich alte Jungen.

Sobald junge Löwenmännchen geschlechtsreif sind, werden sie aus dem Rudel vertrieben. Häufig schließen sie sich mit anderen zusammen und streifen als Nomaden umher. Wenn sie stark genug sind, fordern sie ein dominantes Männchen zum Kampf, um selbst ein Rudel zu übernehmen. Die Mähne junger Löwen ist etwas dürftig; die lange dunkle Mähne erwachsener Löwen signalisiert Kraft und Gesundheit.

OBERE REIHE *Kleine Paviane erinnern an Menschenkinder. Laut kreischend rennen sie umher, unermüdlich spielen und streiten sie. Auch Halbwüchsige beteiligen sich an den Verfolgungsjagden.*
UNTEN LINKS *Junge Paviane tollen gerne auf Baumstämmen herum und demonstrieren ihre unglaublichen Kletterkünste. Bei Gefahr flüchten die Affen auf Bäume, auf denen sie zum Schutz vor Feinden auch die Nacht verbringen.*
UNTEN RECHTS *Neugeborene klammern sich am Fell der Mutter fest. Nach etwa drei Wochen erkunden sie erstmals selbstständig die Umwelt. Mutter und Tanten lassen sie dabei auch während der gegenseitigen Fellpflege nicht aus den Augen.*

LANDWIRTSCHAFT IM GRENZBEREICH
FARMEN IN NAMIBIA

KONZENTRIERT BETRACHTET FRED JACOBS durch sein Fernglas einen Springbock. Es ist ein ausgewachsenes Männchen. Fred greift nach dem extra für ihn angefertigten Jagdgewehr, zielt und schießt. Auf 150 Meter Distanz trifft er den Springbock direkt ins Gehirn. Dieser erleidet einen schnellen und schmerzlosen Tod. An Ort und Stelle wird er ausgeblutet und ausgenommen. Die Gedärme bleiben zurück für die Schakale; das tote Tier wird auf das Auto verladen. Aus Respekt für das genommene Leben schüttet Fred mit der Schaufel Sand über den blutigen Boden. Der Springbock wird auf der Farm gehäutet, zerteilt und später zu exzellenten Mahlzeiten verarbeitet. Die Nutzung der Wildtiere auf dem eigenen Farmgelände gehört zum Alltag eines namibischen Farmers. Fred spricht lieber von »Ernten« als vom Jagen. Auf dem Weg zurück zum Farmhaus führt uns Fred durch seinen Besitz. Von roten Sanddünen überblicken wir die mit Gras bewachsenen weiten Ebenen. Ein wunderschönes Stück Land. Immer wieder treffen wir auf Springböcke, Kudus, Oryx und Steinböcke Da bei uns in der Schweiz zu einem durchschnittlichen Bauernhof nur 19 Hektar Land gehören, kommt uns die Farm unfassbar groß vor. Mit 10 000 Hektar ist sie jedoch nur ein wenig größer als eine durchschnittliche Farm in der südlichen Kalahari.

Seit 30 Jahren sind Fred und seine Frau Onie Farmer aus Leidenschaft. Vor drei Jahren sind die beiden in die südliche Kalahari gezogen, um die Bagatelle Kalahari Game Ranch als Schaffarm aufzubauen. Damit die Farm mit 1500 Schafen gewinnbringend betrieben werden kann, genügen durchschnittlich 180 Millimeter Regen pro Jahr. Seit dem Jahr 2000 wurde dieses langjährige Mittel in der südlichen Kalahari jedoch nicht mehr erreicht. Deshalb haben sich Fred und Onie vor zwei Jahren entschlossen, die Farm in eine Wildfarm umzuwandeln, dies jedoch nicht primär zur Fleischnutzung. In zehn liebevoll eingerichteten Bungalows auf den roten Dünen übernachten heute Touristen aus der ganzen Welt. Qualifizierte Führer weihen sie in die Geheimnisse der Kalahari ein. Durch die Kombination der Wildfarm mit dem Tourismus und ein paar Schafen für den eigenen Fleischbedarf kann die Farm längerfristig, ökologisch nachhaltig und gewinnbringend betrieben werden. Inzwischen sind 24 Personen auf der Farm beschäftigt. Die Verantwortung für diese Menschen empfindet Fred als die größte Herausforderung im neuen Geschäft.

In der sehr trockenen südlichen Kalahari ist nur noch Schafzucht möglich. Die Tiere von Kohus van der Vesthuizen werden kastriert, markiert sowie gegen Zecken und andere Parasiten geimpft.

In der Gegend um Gobabis in Namibia regnet es etwa 450 Millimeter pro Jahr, genug, um Rinderzucht zu betreiben. Nahrung und Wasser reichen aber nur für eine extensive Fleischproduktion; Milchwirtschaft ist nicht möglich. Die Tiere leben die meiste Zeit auf sich selbst gestellt im Freien. Deshalb werden die für europäische Verhältnisse riesigen Rinderfarmen mit wenig Personal betrieben.

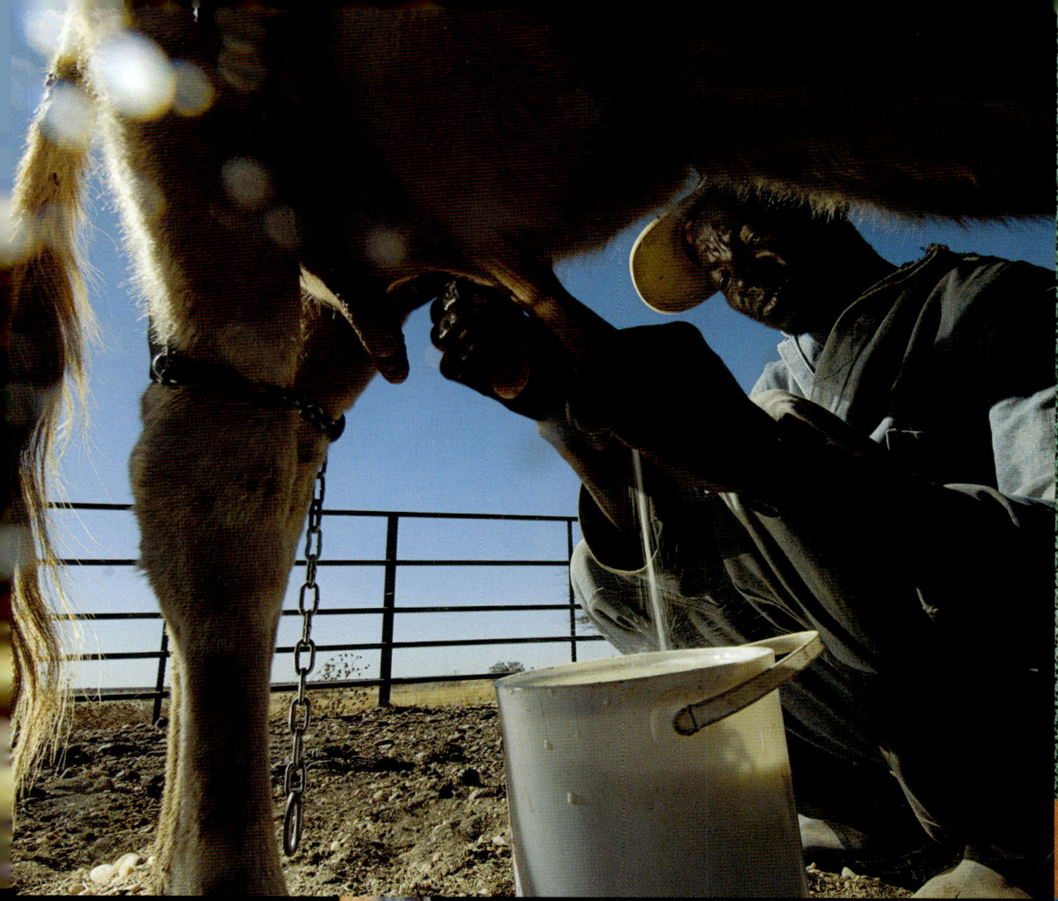

OBEN LINKS *Othmar, ein Arbeiter der Rinderfarmerin Sieglinde Nauhaus, melkt am Morgen die Mutterkühe für den Eigenbedarf.*
UNTEN LINKS *Silvester und Abraham verarbeiten auf der Bagatelle Kalahari Game Ranch einen Springbock. Vorzüglich zubereitet wird das Fleisch später den Gästen serviert.*

OBEN RECHTS *Auf der Bagatelle Kalahari Game Ranch lebt eine halb zahme Gruppe von Erdmännchen. Die Stammmutter des quirligen Clans wurde von Onie Jacobs, der Eigentümerin der Ranch, mit der Flasche aufgezogen.*
UNTEN RECHTS *Ein Arbeiter markiert auf einer Kleinviehauktion in der Nähe von Gobabis in Namibia die versteigerten Schafe und Ziegen.*

OBERE REIHE *Die Bagatelle Kalahari Game Ranch hat erfolgreich von der Schafzucht auf eine touristisch genutzte Wildfarm umgestellt. Imelda bringt täglich die Gästezimmer in Ordnung. Im ehemaligen Farmhaus werden die Gäste zum Aperitif geladen. Fred Jacobs, der Eigentümer von Bagatelle, hat auf seinem Farmgelände einen Springbock geschossen.*
UNTEN LINKS *Über den Bungalows von Bagatelle spannt sich in einer kühlen Winternacht ein unendlicher Sternenhimmel.*
UNTEN RECHTS *Dwain, der Manager von Bagatelle, erwartet seine Gäste aus den Bungalows auf der Düne zum Abendessen.*

Sebastian, ein Führer auf der Bagatelle Kalahari Game Ranch, serviert den Gästen seinen »Sundowner«. Zuvor hat er sie durch die rote Dünenlandschaft geführt. Auf der 10 000 Hektar großen Farm leben heute wieder viele Wildtiere. Tierarten, die in den letzten Jahrzehnten im Gebiet ausgerottet wurden, werden wieder angesiedelt. Auf einem kleinen Teil der Farm werden noch Antilopen für den Eigengebrauch gejagt.

Im Jahr 2006 hat es überdurchschnittlich viel geregnet. Der rote Sandboden ist dicht mit Gras bewachsen. »So hätten wir die Farm halten können«, meint Fred etwas wehmütig. Doch schon für das nächste Jahr sagen Klimatologen im Zusammenhang mit dem El Niño, einer Meereserwärmung im Pazifik, eine erneute Trockenheit für das südliche Afrika an. Die immer länger andauernden Trockenperioden sind eine existenzielle Bedrohung für viele Farmer in der Kalahari, wo man dem Land den Ertrag mit schwerer Arbeit abringen muss. Deshalb sind viele Farmer Namibias gezwungen, sich zusätzliche Verdienstmöglichkeiten zu erschließen.

Ein beeindruckendes Beispiel für Innovation und Engagement ist Freds 70-jähriger Nachbar Pieter van der Westhuizen. Er arbeitet an der Kultivierung der Pflanze *Hoodia gor-*

gonii. Diese wurde in Dürrezeiten von den Buschleuten gekaut, um das Hungergefühl zu unterdrücken. Der Wirkstoff P57 wird in der industrialisierten Welt in Schlankheitspillen verwendet. Ein Milliardengeschäft, an dem sich die Buschleute in einem Rechtsstreit um ihr geistiges Eigentum einen Anteil erkämpft haben. Die erfolgreiche Zucht würde das illegale Sammeln der seltenen Pflanze beenden. Zudem beabsichtigt Pieter, seine Ergebnisse den Buschleuten zur Verfügung zu stellen, damit diese mit dem Anbau der Pflanze selbst ins Geschäft einsteigen können.

Weiter nördlich, in der zentralen Kalahari, regnet es im Durchschnitt 300 bis 450 Millimeter. Das reicht, dass dort auch Rinder genügend Nahrung finden. In der Nähe von Gobabis besuchen wir die Rinderfarmerin Sieglinde Nauhaus. Wie viele der weißen Rinder-

Sieglinde Nauhaus betreibt in der Nähe von Gobabis eine Rinderfarm. Sie hat deutsche Vorfahren aus der Zeit, als Namibia noch Deutsch-Südwestafrika hieß und eine Kolonie Deutschlands war. Wie 30 000 andere deutschstämmige Namibier, spricht sie Deutsch und hört täglich Namibias deutschen Radiosender. Trifft sie aber auf andere Farmer, wechselt sie mühelos zwischen Deutsch, Englisch und Afrikaans.

farmer in Namibia hat die Familie Nauhaus deutsche Vorfahren. Sieglinde betreibt ihre 7000 Hektar große Farm, auf der sie 500 Rinder hält, mit nur drei Angestellten. Um die Farm nachhaltig zu bewirtschaften, darf sie nur mit einem Rind pro 15 Hektar bestockt werden. Die Rinder beweiden das Land um sogenannte Rinderposten, wo für sie Wasser in Tränken gepumpt wird. Wenn die Umgebung des Postens abgeweidet ist, werden die Rinder zum nächsten getrieben. Noch heute werden dazu, und auch um die Rinder zu markieren und zu impfen, Pferde eingesetzt. So auch auf der Farm von Sieglinde Nauhaus' Tochter Karin, wo wir die Cowboys begleiten, als sie 30 Rinder zu ihrem neuen Eigentümer treiben. Wir fühlen uns wie im Wilden Westen. Sieglinde Nauhaus jedoch versetzt die Rinder von einem Posten zum anderen mit dem Lastwagen. So kann sie die Tiere täuschen, damit sie dann einmal, nichts ahnend und stressfrei, zum Schlachthof gebracht werden können. Das Fleisch bleibt viel zarter, wenn die Tiere vor dem Schlachten keine Angsthormone produzieren.

Das naturnah und extensiv produzierte Fleisch in Namibia schmeckt hervorragend und wird auch in die EU exportiert. Die Landwirtschaft trägt jedoch lediglich fünf Prozent zum Bruttosozialprodukt bei, obwohl über zwei Drittel der Bevölkerung den Lebensunterhalt damit verdienen. Etwas weniger als die Hälfte der landwirtschaftlichen Fläche wird kommerziell genutzt, davon der größte Teil von den 4500 weißen Farmern. Erst jede zehnte Farm gehört Nichtweißen. Auf der anderen Hälfte der landwirtschaftlichen Nutzfläche leben 150 000 Haushalte als Selbstversorger von Ackerbau und vor allem Viehzucht. Die Notwendigkeit einer gerechteren Verteilung des Bodens ist unbestritten. Die Umsetzung des 1995 verabschiedeten Landreformgesetzes gehört zu den wichtigen politischen Herausforderungen Namibias.

Pieter van der Westhuizen arbeitet auf seiner Farm in der Nähe von Mariental im Süden Namibias an der Kultivierung der Hoodia gorgonii. *Leider wurden die ins Freiland gesetzten Schösslinge zu einem großen Teil von den Erdhörnchen gefressen. Ein Wirkstoff der Pflanze, mit der die Buschleute in harten Zeiten den Hunger unterdrückten, wird heute von der Pharmaindustrie in Schlankheitspillen verwendet.*

Bevor Giraffen trinken, erkunden sie die Umgebung. Sie können einen Löwen in mehreren Kilometern Entfernung ausmachen. Erst wenn sie sich versichert haben, dass keine Gefahr droht, wagen sie zu trinken. Ausgewachsene Giraffen sind allerdings sehr wehrhaft und werden selten angegriffen. Mit ihren Hufen können sie einem Raubtier einen tödlichen Schlag versetzen. Junge Giraffen fallen jedoch öfter Löwen und Hyänen zum Opfer.

Giraffen gehören zu den Tieren, die am besten mit Trockenheit fertig werden. Sie überleben wochenlang, ohne zu trinken. Ihnen reicht die Flüssigkeit aus den Blättern, von denen sie sich ernähren. Außerdem beschränken sie ihren Wasserverbrauch. Ihre Körpertemperatur kann um zehn Grad steigen, ohne dass sie dabei schwitzen. Auch beim Atmen minimieren sie den Feuchtigkeitsverlust, da beim Ausatmen die Luftfeuchtigkeit auf dem Weg durch den langen Hals kondensiert und so zurückgehalten wird.

OBEN *Impalas leben in der Baum- und Buschsavanne der nördlichen Kalahari. Territoriale Böcke mit langen verschraubten Hörnern wachen über Herden von Weibchen und ihren Nachwuchs. Junge und schwächere Männchen schließen sich zu Junggesellenherden zusammen. Beim Kampf um einen Harem verkeilen Impalaböcke die Hörner ineinander, bis eines der Tiere aufgibt.*

RECHTS *Aufmerksam beobachten die Impalaweibchen die Umgebung. Sie müssen sich vor vielen Feinden in Acht nehmen und werden von Leoparden, Löwen, Hyänen, Wildhunden, Schakalen und Krokodilen gejagt. Ihre Überlebensstrategie ist die Flucht. Dabei springen sie immer wieder weit in die Luft – bis zu neun Meter weit und drei Meter hoch. Vermutlich versuchen sie so, sich zu orientieren und ihre Verfolger zu entdecken.*

EIN LEBEN FÜR DIE GEPARDEN
DER CHEETAH CONSERVATION FUND

CHEWBAAKAS MUSKELN SPANNEN SICH, DANN SPRINTET ER LOS. In wenigen Sekunden beschleunigt er auf fast hundert Kilometer pro Stunde. Eindrücklich demonstriert er, dass er zur schnellsten Säugetierart der Welt gehört. Doch es ist keine Antilope, die er jagt, sondern ein alter Lappen. Der Sprint gehört zum Trainingsprogramm des halb zahmen Gepards des Cheetah Conservation Fund (CCF). Als Botschafter seiner Art soll er die Menschen dazu bringen, sich vermehrt für den Gepardenschutz einzusetzen. Seit 1995 unterstützt er dabei Laurie Marker, die Gründerin des CCF, die ihn als drei Wochen alten Waisen erhalten und aufgezogen hat. Sein Name geht zurück auf die Star-Wars-Figur Chewbaaka, die für den Kampf zur Rettung der Welt steht.

Geparden sind mit ihrem schlanken Körper und den langen Beinen auf Schnelligkeit ausgerichtet. Bei der Jagd schleichen sie sich so nah wie möglich an die Beute an, um dann in vollem Lauf anzugreifen. Mit den harten Fußsohlen und den Krallen, die wie Spikes wirken, können sie wie ein Ferrari beschleunigen. Das Rennauto kann aber nur mithalten, so lange es geradeaus geht. Bei der Jagd auf Antilopen können Geparden in Sekundenbruchteilen die Richtung wechseln. Spätestens nach einigen Hundert Metern muss ein Gepard aber seine Beute zu Fall bringen, weil dann die Kraft nachlässt. Jeder zweite Jagdversuch ist erfolgreich. Nach der Jagd ist ein Gepard oft so ausgepumpt, dass er sich bis zu einer halben Stunde erholen muss, bevor er seine Beute hastig verzehrt. Denn der Nachteil des stark spezialisierten leichten Körperbaus sind schwache Kiefer und kleine Zähne. Geparden haben keine Chance, ihre Beute gegen größere Räuber wie Löwen, Leoparden oder Hyänen zu verteidigen. Deshalb haben Geparden in Schutzgebieten, wo sich ihre Konkurrenten stark vermehren, einen schweren Stand.

95 Prozent der Geparden Namibias teilen ihren Lebensraum mit den kommerziellen Farmern und ihrem Vieh. Im letzten Jahrhundert wurden sie als Schädlinge verfolgt und zu Tausenden getötet. 1975 kam der Gepard auf die Rote Liste der bedrohten Tierarten. Erst seit Mitte der 1990er Jahre hat sich die Zahl der Geparden stabilisiert. Obwohl es immer noch illegale Tötungen gibt, haben viele Farmer Namibias ihre Einstellung zu diesem bedrohten Tier geändert. In Namibia lebt heute die mit 3000 Tieren größte zusammenhän-

Fortsetzung Seite 84

Geparden jagen am Tag. Von Bäumen oder Termitenhügeln aus halten sie Ausschau nach möglichen Beutetieren.

Die Amerikanerin Laurie Marker gründete 1990 in Zentralnamibia die Schutzorganisation Cheetah Conservation Fund (CCF). Zuvor arbeitete sie in einem Zoo in Oregon an der Züchtung und Auswilderung von Geparden. Doch die Katzen lassen sich in Gefangenschaft nur schwer züchten, und die in Namibia ausgewilderten Tiere wurden von den Farmern nicht akzeptiert und abgeschossen. Deshalb begann sie, sich für die noch wild lebenden Geparden und das Zusammenleben von Menschen und Wildtieren in Namibia einzusetzen.

OBEN LINKS *Kleiner Kopf, schwache Kiefer und kleine Zähne sind der Preis für den auf Schnelligkeit ausgerichteten Körperbau eines Geparden. Dank der hoch angesetzten, nach vorn gerichteten Augen kann er Entfernungen genauestens abschätzen.*
OBEN RECHTS *Laurie Marker hat den Geparden Chewbaaka selbst aufgezogen, nachdem seine Mutter von einem Farmer abgeschossen wurde.*

UNTEN LINKS *Nach dem Lauftraining erhält Chewbaaka zur Belohnung einen Bissen Fleisch.*
UNTEN RECHTS *Gepardenwaisen werden beim CCF in großen Freigehegen gehalten. Da sie nie gelernt haben, selbst zu jagen, können sie nicht mehr ausgewildert werden. Damit sie trotz Fütterung fit bleiben, werden sie von Bonnie und Mandy Schumann mit einer Laufmaschine trainiert.*

OBERE REIHE *Geparden sind die schnellsten Säugetiere der Welt. Die extrem bewegliche Wirbelsäule ermöglicht Schrittweiten bis zu zehn Metern.*
UNTEN LINKS *Durch riesige Lungen und überdurchschnittlich große Nasenlöcher wird der Körper beim Sprint ausreichend mit Sauerstoff versorgt.*
UNTEN RECHTS *Die enorme Kraftanstrengung limitiert ihre Ausdauer. Die Spitzengeschwindigkeit von über hundert Kilometern pro Stunde können Geparden nur für wenige Hundert Meter aufrechterhalten.*

95 Prozent der Geparden Namibias leben im Bereich von Farmen außerhalb von Schutzgebieten. Jahrzehntelang wurden sie verfolgt und getötet. Inzwischen hat sich gezeigt, dass ein Gepard lieber Wildtiere jagt. Ist also auf einer Farm genügend Wild vorhanden, nehmen die Viehverluste stark ab. Und selbst wenn ein Gepard ab und zu ein Kalb reißt, löst sein Abschuss das Problem nicht. Denn dann dringen gleich mehrere rivalisierende Geparden in das nicht mehr besetzte Revier ein.

gende Gepardenpopulation der Welt. Dies ist allein einer engagierten und weitsichtigen Frau zu verdanken.

Als Laurie Marker 1977 das erste Mal nach Namibia kam, war sie überzeugt, durch die Auswilderung von Geparden aus Zoos einen Beitrag zu ihrem Überleben zu leisten. Doch schon bald erkannte sie ihren Irrtum. Denn den ausgewilderten Tieren drohte das gleiche Schicksal wie ihren wilden Artgenossen. Sie wurden zunächst von den Farmern verfolgt und getötet. 1990 gründete Laurie Marker deshalb in Zentralnamibia den Cheetah Conservation Fund (CCF). In 15 Jahren hat sie den CCF zu einem renommierten Zentrum für Gepardenschutz, Forschung und Bildung aufgebaut.

Im persönlichen Kontakt mit den Farmern setzte sie sich mit ihren Problemen auseinander. Sie erkannte, dass nur die Farmer die Geparden retten können. »Namibias Farmer sind sehr naturverbunden«, meint Laurie, »einige von ihnen sind großartige Naturschützer.« Laurie konnte zeigen, dass Geparden vor allem Wildtiere jagen und deshalb die Viehverluste stark abnehmen, wenn auf der Farm genügend Wild vorhanden ist. Doch selbst wenn ein Gepard gelegentlich ein Kalb reißt, löst sein Abschuss das Problem nicht. Denn dann dringen gleich mehrere rivalisierende Geparden in das nicht mehr besetzte Revier ein. Kleinvieh und Jungtiere müssen deshalb besonders geschützt werden. Mit der Abgabe von Hirtenhunden stellt Laurie den Farmern eine konkrete Lösung dieses Problems zur Verfü-

Neben der Verfolgung durch Menschen bedroht Geparden die Ähnlichkeit ihres Erbguts. Denn alle heute lebenden Tiere stammen von einer kleinen Gruppe ab. Folgen dieser Inzucht sind eine hohe Sterblichkeit der Jungtiere und eine geringe Spermienzahl; rund 70 Prozent der Samenzellen sind zudem deformiert. Genetische Vielfalt aber ist die Voraussetzung, damit die Tiere sich an neue Umweltbedingungen anpassen und etwa Seuchen überleben können. Geparden sind für beides schlecht gerüstet.

gung. Seit 1994 züchtet und trainiert der CCF anatolische Schäferhunde. Wir besuchen die kleinen Hunde, die in einer Ziegenherde aufwachsen. Verspielt rangeln sie mit den jungen Ziegen, als ob sie selbst Ziegen wären. Obwohl wir die jungen Hunde gerne streicheln möchten, halten wir uns zurück. Sie sollen nicht an Menschen gewöhnt werden, sondern eine starke Beziehung zur Herde aufbauen, sodass sie diese später gegenüber Raubtieren verteidigen. Die scheuen Geparden werden durch die bellenden Hunde leicht abgeschreckt.

Ein Handicap der Geparden ist, dass ihre genetische Vielfalt sehr stark reduziert ist. Durch eine Veränderung des Klimas vor etwa 10 000 Jahren waren sie weltweit fast ausgestorben. Alle heute lebenden Geparden stammen von einer kleinen Gruppe ab. Sie sind deshalb eng miteinander verwandt und genetisch sehr ähnlich. Missbildungen und retardierte Spermien sind die Folge. Ein tödliches Virus könnte alle Geparden in einem Gebiet dahinraffen. Deshalb werden beim CCF Gepardenspermien eingefroren und für die Zukunft aufbewahrt.

Neben der Forschung setzt Laurie auf Bildung. »Unsere Hoffnung für die Zukunft sind die Kinder«, sagt sie. Der CCF engagiert sich deshalb aktiv in der Umwelterziehung. Durch ihre Arbeit sind Laurie Marker und Chewbaaka weltweit bekannt geworden. Zusammen kämpfen sie für das Überleben der Geparden und eine Welt, in der sich Menschen und Tiere ihren Lebensraum teilen. »Tierliebe allein reicht nicht«, meint Laurie, »wichtiger ist die vorurteilslose Zusammenarbeit mit den Betroffenen. Denn Menschen, die in Armut leben, sehen keinen Sinn im Schutz von Natur und Tieren.« Deshalb ist für sie die größte Herausforderung, sich der Bedürfnisse der Menschen anzunehmen. In innovativen Projekten verbindet sie Gepardenschutz mit neuen Einnahmequellen für die lokale Bevölkerung.

Geparden sind weltweit stark bedroht. Dank dem Gepardenschutz leben heute in Namibia wieder rund 3000 Tiere, so viele wie nirgendwo sonst auf der Welt.

SEITE 88/89 *Giraffen im Central Kalahari Game Reserve.*

»In Wirklichkeit ist Gott ein Künstler. Er erfand die Giraffe, den Elefanten und die Katze. Er hat keinen besonderen Stil – er probiert nur immer wieder etwas anderes aus.«

PABLO PICASSO,
SPANISCHER KÜNSTLER
(1881–1973)

SALZPFANNEN

WEISS SCHIMMERT DIE RIESIGE SALZEBENE IM MITTAGSLICHT. Die Sonne brennt erbarmungslos, nirgendwo ein Schatten, der Linderung verspricht. Am unendlich weit entfernten Horizont wird die Krümmung der Erdkugel sichtbar. Die flimmernde Ebene verliert sich im hellen Blau des Himmels. Die Stille ist fast unheimlich. Nur der Wind weht gespenstisch über die Einöde. Nach der Abkühlung am Abend tobt er ungebremst und orkanartig durch die außerirdisch anmutende Landschaft. Salzpfannen, entstanden durch Austrocknen ehemaliger Wasserstellen und Seen, sind in der Trockenzeit absolut lebensfeindlich. Nur Springböcke und Oryxantilopen suchen sie auf, um Salz zu lecken.

In der Regenzeit füllen sich die Salzflächen wieder mit Wasser. Millionen von Kleintieren, die die Trockenheit in Eiern überdauert haben, erwachen zu neuem Leben. Der reich gedeckte Tisch zieht Hunderttausende Wasservögel aus ganz Afrika an. In der Umgebung der Salzpfannen wachsen nahrhafte Gräser. Riesige Herden von Gnus und Zebras versammeln sich dort. Den Pflanzenfressern folgen die Räuber. Die Gnus trotzen ihnen, indem sie ihre Jungen fast gleichzeitig werfen. 90 Prozent aller Gnu-Weibchen kalben innerhalb von drei Wochen. Für Löwen, Hyänen und Schakale beginnt eine Zeit des Überflusses. Doch in der kurzen Zeit der Wehrlosigkeit vermögen sie nur einen kleinen Teil der Jungtiere zu töten.

In der Kalahari gibt es unzählige Salzpfannen, darunter die Makgadikgadi-Pfannen, mit 12 000 Quadratkilometern die größten der Welt. Früher, als es noch keine Karten gab, reisten die Menschen von Salzpfanne zu Salzpfanne. Diese dienten nicht nur als Wegmarken, vielmehr konnte an ihren Rändern auch in der Trockenzeit erfolgreich nach Wasser gegraben werden. Deshalb sind entlang der Salzpfannen auch die ersten Siedlungen im südlichen Afrika entstanden.

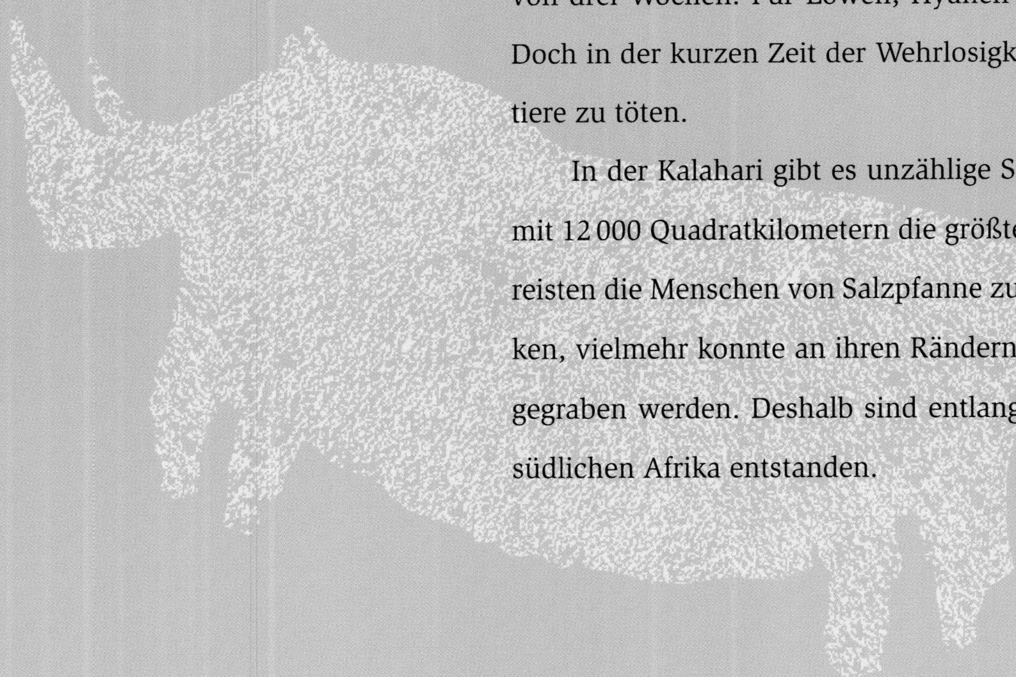

Die Salzfläche der Makgadikgadi-Pfannen ist mit 12 000 Quadratkilometern die größte der Welt.

SEITE 92/93 *Springbockherde im Etosha-Nationalpark.*

Löwen folgen ihren Beutetieren. In der Nähe großer Tierherden liegt oft auch ein Rudel im Busch. Männliche Löwen bringen über 200 Kilogramm auf die Waage. Sie sind zu schwer, um gute Jäger zu sein. Deshalb jagen in erster Linie die wendigeren Weibchen. Wenn es ums Fressen geht, beanspruchen die Paschas jedoch das Recht des Stärkeren.

Zebras leben in Harems mit einem starken Hengst. Die Trockenzeit verbringen sie in der Nähe von ganzjährig bestehenden Wasserstellen. In der Regenzeit schließen sie sich zu großen Herden zusammen und brechen zu den frisch ergrünten Weiden auf. Fohlen werden vom ganzen Harem und insbesondere vom Hengst mutig verteidigt. Junge Zebras werden daher seltener von Löwen gerissen als andere Jungtiere.

AM TRÄNENSEE
IN DER ETOSHA-PFANNE

GEBANNT STARREN WIR IN DIE DUNKELHEIT. Fast unmerklich löst sich ein Schatten aus der schwarzen Nacht. Diesmal ist es keine optische Täuschung unserer überforderten Augen. Ungelenk schreitet ein grauer Muskelprotz zum Wasser. Während es trinkt, scheint uns das Spitzmaulnashorn mit seinen kleinen Knopfaugen zu beobachten. Doch es ist wohl eher unser Geruch, den es aufnimmt, denn seine Sehkraft reicht kaum 20 Meter weit. Als sich ein zweites Nashorn nähert, wirbelt es mit abgehacktem Stampfen Staub auf, um dem vermeintlichen Gegner zu imponieren. Im Zeitlupentempo gehen die beiden Kontrahenten aufeinander zu. Minutenlang starren sie sich in die Augen und versuchen die Stärke des anderen einzuschätzen. Unvermittelt rennt eines davon. Der Kampf ist entschieden, bevor er begonnen hat. Einsicht vor Gewalt scheint bei den Nashörnern zu gelten.

Belustigt genießen wir das Schauspiel am beleuchteten Wasserloch von Okaukuejo im Etosha-Nationalpark. Hier haben Touristen die einmalige Gelegenheit, die Geschöpfe der Nacht zu beobachten. Die Tiere selbst scheinen sich weder am Scheinwerferlicht noch an den Menschen hinter der niedrigen Steinmauer zu stören.

In der Sprache der Ovambo bedeutet Etosha großer weißer Platz. Nach einer Legende der Haicom-Buschleute entstand der See aus den Tränen einer jungen Mutter, nachdem ihr Kind von Fremden umgebracht worden war. Der ausgetrocknete Tränensee, eine 5000 Quadratkilometer große Salzpfanne, ist das Herz des Parks. Die Salzwüste geht dann in Gras-, Busch- und Baumsavanne über. Am südlichen Rand der Pfanne führen zahlreiche Wasserstellen ganzjährig Wasser, weil es nach dem Regen in tiefergelegenen Kalkschichten gespeichert wird. Dorthin wandern in der Trockenheit viele Tiere. Der Etosha-Nationalpark im Norden Namibias ist neben der Serengeti das tierreichste Wildgebiet in Afrika. Die Artenvielfalt ist beeindruckend, nicht weniger als 1[illegible]0 Vogelarten kommen vor. Mit einer Gesamtfläche von 22 275 Quadratkilometern ist er halb so groß wie die Schweiz.

Am Wasserloch hat sich in der Zwischenzeit eine Elefantenherde eingefunden. Wie selbstverständlich übernimmt sie die Herrschaft. Ein junger Bulle bespritzt das Nashorn mit Wasser, bis dieses entnervt das Weite sucht. Staubwolken vermischen sich mit dem Gestank der schwefligen Elefantenfürze.

In den Abendstunden versammeln sich die Touristen im Etosha-Nationalpark in Namibia an den beleuchteten Wasserlöchern, um die nachtaktiven Tiere zu beobachten.

Kurz nach Sonnenuntergang besucht eine Elefantenherde das Okaukuejo-Wasserloch, an dem die grauen Riesen vorübergehend die Herrschaft übernehmen. Laut und staubig geht es zu. Nach einer halben Stunde ist das Spektakel vorbei. Die Leitkuh führt die Herde wieder in die dunkle Nacht hinaus. Die Touristen hinter der niedrigen Steinmauer warten auf die nächste Attraktion.

OBEN LINKS *Spannende Begegnung in der Nacht: Eine Elefantenfamilie trifft auf dem Weg zum Wasserloch von Halali auf eine Nashornmutter mit ihrem Jungen.*
OBEN RECHTS *Ein Bulle interessiert sich für die Nashornmutter und ihr Kind. Die beiden erwachsenen Spitzmaulnashörner starren sich minutenlang in die Augen. Die Begegnung bleibt friedlich. Vermutlich handelt es sich bei dem Nashornbullen um den Vater des Jungen.*

UNTEN LINKS *Spitzmaulnashörner werden erst in der Nacht aktiv. Dann wandern die Einzelgänger einer nach dem anderen zur Tränke. Nirgends kann man die seltenen Tiere so gut beobachten wie an den beleuchteten Wasserlöchern des Etosha-Nationalparks.*
UNTEN RECHTS *Drohend geht ein junger Elefantenbulle auf zwei Spitzmaulnashörner los. Er toleriert keine Konkurrenz am Wasserloch.*

Eine Geoffroy-Schlitznase nach der anderen fliegt auf dem Hügel von Halali aus einer Felsspalte. Den Tag haben die Fledermäuse in der dunklen Höhle verbracht. Ihnen behagt das trockene heiße Tagesklima nicht. Erst beim Einbruch der Nacht jagen sie nach Insekten. Dabei hilft ihnen ihr eigenes Echolotsystem. Später fliegen sie zu einem Nachtruheplatz, wo sie sich putzen und Spinnen und Skorpionen auflauern.

Am 22. März 2007 feierte der Etosha-Nationalpark als einer der ältesten in Afrika seinen 100. Geburtstag. Bei seiner Gründung war der Park mehr als viermal so groß wie heute. Wildtiere waren jedoch kaum vorhanden, da sie im 19. Jahrhundert durch Wilderei und Großwildjagd fast ausgerottet wurden. Während sich in den folgenden Jahrzehnten die Wildbestände im Park erholten, wuchs der Landbedarf der Einheimischen und der weißen Siedler in der Umgebung an. Der Park wurde deshalb ohne Rücksicht auf die Tiere mehrmals verkleinert und 1973 eingezäunt. Das Kaokoveld, Verbreitungsgebiet des seltenen Spitzmaulnashorns, lag plötzlich außerhalb des Parks. Um sie vor Wilderern zu retten, wurden 52 von ihnen eingefangen und innerhalb der Parkgrenzen wieder freigelassen.

Die Elefanten sind wieder in der Dunkelheit verschwunden. Ein Schakalpärchen tänzelt ums Wasserloch. Vorsichtig nähert sich eine Giraffe. In der Ferne hört man das Heulen von Hyänen. Später kommen auch sie zum Wasserloch. Die meisten Touristen sind inzwischen im Bungalow oder im Zelt verschwunden. Nach Mitternacht ist auch am Wasserloch nicht mehr viel los. Ab und zu kommt ein Spitzmaulnashorn, um zu trinken. Es ist bitterkalt. Als es gegen halb sechs langsam hell wird, sitzen wir immer noch mit vor Kälte steifen Knochen auf der grünen Holzbank.

Mit der morgendlichen Wärme erwacht neues Leben am Wasserloch. Perlhühner, Springböcke, Gnus und Oryxantilopen stillen ihren Durst. Im Tageslicht wagen sich wie-

Zehn glühende Augen sind auf die Nashornmütter mit ihren Jungen gerichtet. Im Gebüsch lauern fünf junge Löwenmännchen. Spitzmaulnashörner sind aber keine leichte Beute, vor allem erwachsene Tiere sind wehrhafte Gegner. Deshalb haben die Löwen die Jungen im Visier. Gelingt es ihnen, eines von der Mutter zu isolieren, ist das sein sicherer Tod. Doch das Risiko der Löwen bei einem Angriff ist hoch.

der jene Tiere hervor, die sich in der Dunkelheit vor den Löwen fürchten. In einer unendlich scheinenden Karawane treffen gegen Mittag die Zebras ein. Nach 24 spannenden Stunden haben wir nur die Raubtiere der Nacht vermisst.

Auf der Fahrt zum Halali Camp am nächsten Morgen ist kein einziges Spitzmaulnashorn zu sehen. Die nachtaktiven Einzelgänger haben sich unter einen schattigen Busch zurückgezogen. Dafür liegen drei Löwinnen genießerisch auf der aufgewärmten Straße. Ihre blutverschmierten Mäuler erzählen von einer erfolgreichen Nacht. In der Nähe grasen Zebras. Zu Tausenden bevölkern sie nach dem großen Regen die üppigen Grasebenen. Am Horizont ziehen Giraffen von Akazie zu Akazie.

Auch in Halali verbringen wir den Abend am beleuchteten Wasserloch. Über eine Stunde lang tut sich gar nichts. Ungeduldige Touristen ziehen gelangweilt wieder ab. Doch auf einmal stehlen sich fünf junge Löwenmännchen ans Wasser. Sie legen sich im Halbkreis auf die Lauer. Die Spannung auf der Naturtribüne steigt, als sich eine Nashornmutter mit ihrem Jungen nähert. Um nichts zu verpassen, lassen wir unser Abendessen ausfallen. Die Löwen kreisen die beiden Nashörner ein. Mutig stellt sich ihnen die wehrhafte Nashornmutter entgegen, entschlossen, ihr Junges um jeden Preis zu beschützen. Instinktiv weiß sie, dass sie auf keinen Fall davonrennen darf. In einer Pattsituation stehen sich Löwen und Nashörner unbeweglich gegenüber. Eine kleine Unaufmerksamkeit der Nashornmutter würde für ihr Junges den Tod bedeuten. Nach über einer Stunde geben die Löwen auf. Das Risiko eines Angriffs ist zu hoch. Sie entschwinden in die Nacht auf der Suche nach einer einfacheren Beute.

In der Nacht sind Giraffen an einer Wasserstelle besonders vorsichtig. Wenn sie beim Trinken die Beine weit auseinanderspreizen, könnten sie leicht von Löwen überwältigt werden. Zwei beobachten deshalb aufmerksam die Umgebung, während die dritte Giraffe trinkt.

OBEN *Zwei Elefantenbullen im Etosha-Nationalpark sind nach ihrem Schlamm- und Staubbad weiß eingepudert.*
RECHTS *Noch lange schwebt nach der ausgiebigen Staubbad-Zeremonie der Elefantenfamilie eine feine weiße Wolke über der Ebene.*

SEITE 106/107 *Die enormen Baobabs auf Lekhubu Island, inmitten der Makgadikgadi-Salzpfanne, sind wahrscheinlich teilweise über tausend Jahre alt. Als riesige umgekehrte Karotten bezeichnete der schottische Afrikaforscher David Livingstone die skurrilen Bäume.*

ZEUGEN DER ZEIT
MYTHISCHE BAOBAB-BÄUME

NACHDEM GOTT DIE TIERE ERSCHAFFEN HATTE, schenkte er jedem eine Pflanze, damit die Erde ergrüne. Als die Hyäne an die Reihe kam, stellte Gott ihr eine Bedingung: »Du musst deine Boshaftigkeit zügeln und aufhören zu stehlen.« Zornig weigerte sich die Hyäne. Darauf verwies Gott sie auf den letzten Platz und gab ihr den übrig gebliebenen Baobab. Aus Wut setzte sie den Affenbrotbaum verkehrt in die Erde. Nach dieser Legende der Buschleute wächst der Baobab seither mit den Wurzeln in den Himmel.

Unter dem größten Baum in Botswana, dem Chapman's Baobab, fühlen wir uns klein und unbedeutend. Wir stellen uns vor, wie schon vor 2500 Jahren eine Familie von Buschleuten ihr Lager in seinem Schatten aufgeschlagen haben könnte. Im 18. Jahrhundert diente der Baum in der eintönigen Landschaft der Makgadikgadi-Salzpfanne als Landmarke. Er ist bereits aus einer Entfernung von 20 Kilometern zu sehen. Afrikaforscher und Händler nutzten ihn zudem als Postbüro. In einer Höhle im Stamm hinterlegten sie ihre Nachrichten. Viele ritzten ihre Namen in die glatte Rinde. Die Initialen JC stammen vom englischen Forschungsreisenden James Chapman, der in der zweiten Hälfte des 19. Jahrhunderts hier unterwegs war. Der gewaltige Stamm des Baobabs hat einen Umfang von 25 Metern. Darin speichert er bis zu 9000 Liter Wasser. Lange Trockenperioden und zahlreiche verheerende Buschbrände hat der Chapman's Baobab dadurch unbeschadet überstanden.

Elefanten lieben Baobabs. Mit ihren Stoßzähnen brechen sie die Rinde auf, um zu den feuchten Fasern im Inneren vorzudringen. Die Bäume scheinen diese Tortur zu überstehen. Auch die Buschleute zapften auf ihren Wanderungen die Wasserreserven der Baobabs an. Bis heute verwenden die Menschen in der Kalahari praktisch jeden Teil des Baumes. Die Früchte, reich an Vitaminen und Kalzium, werden getrocknet und zerrieben. Das Pulver kann über längere Zeit aufbewahrt und mit Wasser zu einem Trank angerührt werden. Er hilft, die Trockenzeit ohne Vitaminmangel zu überstehen. Die Samen werden wie Bonbons gelutscht oder zu einer Art Kaffeepulver gemahlen. Aus jungen Blättern wird ein Gemüse gekocht, ähnlich wie Spinat. Die Rinde dient als Rohstoff für Schnüre, Seile, Netze, Matten, Körbe, Hüte, Kleider und Papier. Als Feuerholz taugt der Baobab jedoch nicht, denn sein Holz ist zu wasserhaltig.

1862 malte der englische Forschungsreisende und Maler Thomas Baines die nach ihm benannten Baines Baobabs im Nxai-Pan-Nationalpark. Seit damals ist lediglich ein einziger Ast abgebrochen.

Afrikanische Baobabs wachsen südlich der Sahara in trockenen Savannen. Außerhalb Afrikas gibt es nur eine Baobab-Art im Nordwesten Australiens und sechs weitere Arten auf Madagaskar. Baobabs stellen keine großen Ansprüche an den Boden. Auf Lekhubu Island scheinen sie aus dem Gestein herauszuwachsen. Seine dicht verzweigten Wurzeln gehen nicht tief, breiten sich aber über eine große Fläche aus. Damit nimmt er nach den wenigen heftigen Niederschlägen optimal Wasser auf.

Seven Sisters, »die sieben Schwestern«, wird eine Gruppe von Baobabs im Nxai-Pan-Nationalpark genannt. Der englische Maler Thomas Baines hat sie 1862 auf Leinwand festgehalten. Wie damals stehen sie auch heute noch am Rand der Kudiakam-Salzpfanne, wo sie der Vergänglichkeit trotzen. Baines' Bild könnte auch gestern gemalt worden sein.

Vor der Regenzeit treiben Baobabs in ihrer fein verästelten Krone Blätter aus. Wenige Wochen später öffnen sich in der Abenddämmerung große weiße Blüten. Sie verströmen einen unangenehmen Duft. Flughunde, eine große Fledermausart, werden von diesem Gestank magisch angezogen. Sie befruchten den Baum, wenn sie von Blüte zu Blüte fliegen, um Nektar zu lecken. Und noch in derselben Nacht fallen die Blüten zu Boden. Große

ovale Früchte reifen, die Paviane, Antilopen und Elefanten gerne fressen. So verbreiten die Tiere ungewollt die Samen.

Auf der kleinen Granitinsel Lhekubu Island, mitten in der endlosen Weite der Makgadikgadi-Pfanne, scheinen uralte skurrile Baobabs aus dem Gestein herauszuwachsen. Elefanten müssen die Samen der Bäume vor mehreren Tausend Jahren dorthin gebracht haben. Auch wir machen uns auf den Weg zur Insel. In der Nähe von Gweta erreichen wir die alte Uferlinie des einst größten Sees in Afrika. Der Makgadikgadi-See war mit 60 000 Quadratkilometern 100-mal so groß wie der Bodensee. Vor 10 000 Jahren ist er endgültig ausgetrocknet und hat die heutige Salzpfanne zurückgelassen. Nur in der Regenzeit ent-

Wer eine Baobab-Blüte pflückt, muss damit rechnen, von einem Löwen gefressen zu werden. Andererseits soll Trinkwasser, in das Baobab-Samen eingelegt waren, vor einem Krokodilangriff schützen. Kein anderer Baum in Afrika steht so im Mittelpunkt von Mythen und Legenden. Zudem sind Baobabs in afrikanischen Dörfern Orte der Begegnung, ähnlich wie Linden und Eichen im früheren mitteleuropäischen Dorfleben. Unter Baobabs werden noch heute Märkte und Versammlungen abgehalten und Feste gefeiert.

hält sie noch Wasser. Gegen Ende des Winters ist sie jedoch so ausgetrocknet, dass wir die Überfahrt wagen können, ohne im feuchten und weichen Salzschlamm zu versinken. Nach stundenlanger Fahrt über weiße Flächen und menschenleere Grasinseln taucht Lhekubu Island am Horizont auf. Wir wähnen uns am Ende der Welt. Nach unserer Ankunft erklimmen wir den höchsten Punkt der Insel, nur 50 Meter über dem Salzmeer. Vollkommene Leere umgibt uns. Wie einst der See, löst sich die weiße Salzfläche in der Unendlichkeit auf. Am ehemaligen Seeufer finden wir vom Wellengang rund geschliffene Kieselsteine. Die Felsen der Insel sind mit weißem Vogeldung überzogen. Erst später erfahren wir, dass es sich um fossile Überreste einer Vogelkolonie handelt, die sich hier vor 10 000 Jahren vom Fisch aus dem See ernährt hat. Im Licht der untergehenden Sonne verfärben sich die Bäume zuerst violett, dann grau. Es kühlt empfindlich ab. In der Nähe eines Baobabs ist es aber immer noch angenehm warm. Noch einige Stunden scheint er die Wärme auszuatmen, die er tagsüber aufgenommen hat.

Bis um 1950 lebten noch Buschleute auf der Insel. Sie verehrten Lekhubu Island als heiligen Ort, an dem einst Gott unter den Felsen gewohnt haben soll. Sogar heute noch bitten sie ihn hier mit Opfergaben um Regen. Über 20 000 Jahre alte Tonscherben und Werkzeuge aus der Steinzeit zeigen, dass der Ort auch schon viel früher bewohnt war. Rätsel geben die Überreste einer runden Steinmauer auf. Ihr Alter wird auf über tausend Jahre geschätzt. Möglicherweise haben hier einst Initiationsriten von Bantustämmen stattgefunden. Die Baobabs wüssten die Geschichte zu erzählen.

Unter den Baines Baobabs haben viele Abenteurer und Forschungsreisende des 18. Jahrhunderts ihr Nachtlager aufgeschlagen. Beim Blick Richtung Süden scheint sich der nächtliche Sternenhimmel um einen imaginären Südstern zu drehen.

OBEN *Die Springböcke im Nxai-Pan-Nationalpark vereinigen sich in der Regenzeit zu Herden mit mehreren Hundert Tieren.*
RECHTS *Gnus wandern an den Rand der Sowa-Pfanne, um Salz zu lecken. In der Regenzeit treffen sie am flachen Salzsee auf Zehntausende Flamingos.*

SEITE 116/117 *Nach guten Regenjahren bevölkern Tausende Zebras die Grasebenen des Etosha-Nationalparks.*

OBERE REIHE *Zebramangusten jagen tagsüber nach Insekten und Tausendfüssern. In Familien mit bis zu 30 Tieren durchstreifen sie auch die Camps des Etosha-Nationalparks. Schabrackenschakale leben und jagen als Paare. Auch die Welpen ziehen sie gemeinsam auf. Junge Löffelhunde warten beim Bau, während ihre Eltern mit den großen Ohren Käfer und Insektenlarven im Boden aufspüren.*
UNTEN LINKS *Ein Leopard legt am frühen Morgen im Geäst eines umgestürzten Baums in der Nähe von Namutoni im Etosha-Nationalpark eine kurze Pause ein, bevor er sich in sein Tagesversteck zurückzieht.*
UNTEN RECHTS *Löwenweibchen besetzen ein Revier über Generationen hinweg. Männchen werden im Schnitt schon nach zwei Jahren wieder von stärkeren Konkurrenten vertrieben.*

EIN ROSAFARBENES MEER
FLAMINGOS IN DER SOWA-PFANNE

TIEFBLAU FÄRBT DER HIMMEL die unendliche Wasserfläche. Wolkentürme verdoppeln sich im spiegelglatten Salzsee. Romantische Buchten mit weißen Stränden erinnern an die Südsee. Im nur zentimetertiefen Wasser tanzen die längsten Vogelbeine der Welt. 200 000 zartrosa Flamingos ziehen zufrieden schnatternd ihre gebogenen Schnäbel durch den Schlamm und filtern Algen und Kleinkrebse aus dem Wasser.

Wir sind überrascht und erleichtert, dass die Sowa-Salzpfanne, Teil der Makgadikgadi-Pfannen, mit Wasser gefüllt ist, denn obwohl es Regenzeit ist, hat es noch nicht geregnet. Das Wasser stammt vom letzten Jahr, als Botswana einen Rekordregen erlebte. Deshalb sind die Flamingos während der Trockenzeit nicht weggezogen.

Regen verwandelt die sonst öde Salzwüste in einen flachen, nährstoffreichen See. Binnen kürzester Zeit entwickeln sich Millionen mikroskopischer Algen und Bakterien. Kleinkrebse schlüpfen aus ihren widerstandsfähigen Dauereiern. Fast gleichzeitig mit dem Regen treffen Zehntausende Flamingos ein. Unerklärlich, wie sie Hunderte Kilometer entfernt erahnen, wann es in Botswana regnet.

In Afrika kommen zwei von fünf Flamingoarten vor. Sie teilen den Lebensraum, nicht aber die Nahrung. Die Zwergflamingos filtern vor allem Blaualgen aus dem Wasser. Diese enthalten Karotinoide, die die Flamingos rosa färben.

Rosaflamingos hingegen sieben hauptsächlich Kleinkrebse aus dem Salzschlamm. Sie nehmen den Farbstoff indirekt auf, da sich die Krebse von den Blaualgen ernähren. Beide Flamingoarten verwenden ihre Schnäbel als Schöpfkelle, in die sie mit der Zunge Wasser hinein- und hinauspumpen. An haarigen Lamellen bleiben je nach deren Größe und Anordnung Algen oder Krebse hängen. Bis zu 15 Stunden pro Tag verbringen die Vögel kopfüber mit dem Schnabel im Wasser.

Am Abend kommt Bewegung in die sonst so gemächlich umherwatenden Flamingos. Sie wandern zielstrebig aufeinander zu. Zwerg- und Rosaflamingos versammeln sich in mehreren Gruppen. Das friedliche Geschnatter wird aufgeregter, lauter und lauter, geht über in merkwürdig metallisch klingende Rufe. Eine erste Gruppe erhebt sich in die Lüfte. In Formation fliegt sie über unsere Köpfe nach Süden. Im letzten Licht der bereits un-

Fortsetzung Seite 124

Regen verwandelt die sonst öde Salzwüste der Sowa-Pfanne in Botswana in einen flachen, nährstoffreichen See. Kopfüber filtern Zwergflamingos täglich 15 Stunden lang Algen aus dem Wasser.

OBERE REIHE *Nach Sonnenuntergang leuchten die rosafarbenen Schwingen der fliegenden Flamingos im letzten Licht auf. Am Abend ziehen sie zur 50 Kilometer entfernten Brutkolonie, um ihre Küken zu füttern. Zwergflamingos (Mitte) und Rosaflamingos (rechts) versammeln sich dazu in getrennten Gruppen.*

UNTEN LINKS *Die halbwüchsigen weißen Flamingos stammen aus der letztjährigen Brut. Erst wenn sie erwachsen sind, färben sie sich durch die mit der Nahrung aufgenommenen Karotinoide rosa.*
UNTEN RECHTS *In der Nacht waten oder fliegen die Flamingos weg vom Ufer auf den Salzsee hinaus. So sind sie besser vor Raubtieren geschützt.*

Donner-und-Blitz-Vögel nennen die Tswana in Botswana die Flamingos. Denn fast zeitgleich mit den ersten ergiebigen Sommergewittern fliegen sie von überall aus dem südlichen Afrika heran. Zu Zehntausenden bevölkern sie dann die wassergefüllten Salzpfannen. Der flache Salzsee der Sowa-Pfanne enthält mehr Nährstoffe als jeder andere in Afrika. Die sich schnell vermehrenden Algen und Kleintiere machen ihn zu einem Schlaraffenland für die Flamingos.

tergegangenen Sonne leuchten ihre rosaroten Flügel. Die anderen Gruppen folgen. Dann wird es wieder ruhig in der Bucht. »Sie fliegen zur 50 Kilometer entfernten Brutkolonie«, klärt uns der Flamingoforscher Graham McCulloch am nächsten Tag auf. Auf einer Insel, inmitten der südlichen Sowa-Pfanne, seien 90 000 Küken geschlüpft.

Flamingos paaren sich fürs Leben. Als Nest errichten sie einen bis zu 40 Zentimeter hohen kegelförmigen Schlammhügel. Darauf legt das Weibchen ein einziges Ei. Im turmartigen Nest ist das Ei vor Überflutung bei schweren Regenfällen geschützt. Zudem steigt die Temperatur in dieser Höhe selten über 35 Grad Celsius, auch wenn in Bodennähe 50 Grad gemessen werden. Wenige Tage nach dem Schlüpfen verlassen die Küken das Nest und werden in Kindergärten abwechselnd von einigen Erwachsenen betreut. Die Eltern begeben sich wieder vermehrt auf Nahrungssuche. Zwei Monate füttern sie ihr eigenes Jun-

ges, das sie an der Stimme erkennen, mit Kropfmilch. Angereichert mit Karotin und Blut der Eltern ist sie so nahrhaft wie Säugetiermilch.

Die Brutkolonie im Süden der Sowa-Pfanne ist umgeben von einem sechs bis zehn Kilometer breiten Gürtel aus Wasser und Schlamm. So sind die Jungvögel vor Raubtieren geschützt. Auch für uns ist die Kolonie dadurch unzugänglich. Da es in diesem Jahr noch nicht geregnet hat, trocknet der Schutzgürtel jedoch schnell aus. Im Jahr 2001 sind die Küken bei ähnlichen Verhältnissen zu Fuß zum 50 Kilometer entfernten Wasser im Norden der Sowa-Pfanne aufgebrochen. Lediglich 3000 von ihnen haben damals die strapaziöse Wanderung überlebt. Doch dieser Marsch der Flamingos findet selten statt. Graham McCulloch hat ihn in den letzten acht Jahren nur zweimal beobachtet. Manchmal wandern die Küken unkoordiniert in alle Richtungen los, sodass sie bald Schakalen und Geiern zum

Im Durchschnitt finden die Flamingos in der Sowa-Pfanne nur alle drei Jahre geeignete Bedingungen vor, um zu brüten. Nicht jeder Brutversuch ist erfolgreich. Oft verlassen die Eltern ihre Küken, weil die Salzpfanne zu schnell austrocknet. Auf solche Verlustjahre folgen aber immer auch wieder erfolgreiche Bruten. Eine Veränderung des Klimas mit noch häufigeren trockenen Jahren könnte die Zukunft der Flamingos im südlichen Afrika jedoch ernsthaft bedrohen.

Opfer fallen. Nur wenn erwachsene Flamingos die Kleinen anführen, haben sie eine Chance, nach zwei Tagen das rettende Wasser zu erreichen. Dieses Jahr rechnet Graham nicht damit. Der Regen kann jederzeit einsetzen. Hoffentlich, denn er möchte erstmals 2000 Junge beringen, um die Flamingos noch genauer zu erforschen. Ende März, kurz bevor die Küken flügge werden, will er mit leichten Quadbikes auf die Brutinsel hinausfahren. Dutzende Helferinnen und Helfer aus dem südlichen Afrika und aus Europa halten sich auf Abruf bereit.

Als wir uns Ende März mit Graham treffen, sind alle Flamingoküken tot. Es hat nicht geregnet. Der Wassergürtel um die Brutkolonie ist so schnell ausgetrocknet, dass schon Ende Februar Schakale und Hyänen hinübergelangten. Die Flamingoeltern haben ihre Jungen im Stich gelassen. Vielleicht waren die Bedingungen für einen Marschversuch zu extrem.

Flamingos gehören zu einer der ältesten noch lebenden Vogelart. Seit 30 Millionen Jahren haben sie sich kaum verändert. An ihren extrem wechselhaften Lebensraum haben sie sich perfekt angepasst. Erfolgreiche Brutjahre und Totalverluste halten sich die Waage. Trotzdem stimmt das Drama in dieser Makgadikgadi-Salzpfanne nachdenklich. Mit der Klimaänderung werden die trockenen Jahre zunehmen. Ausweichmöglichkeiten haben die Flamingos keine. In Afrika gibt es zwei weitere Brutplätze, den Natron-See in Ostafrika und die weniger geeignete Etosha-Pfanne in Namibia. Eine Häufung von Trockenjahren kann daher für die Flamingos im südlichen Afrika zu einer existenziellen Bedrohung werden.

Der Salzsee der Sowa-Pfanne ist nur wenige Zentimeter tief. Da die Verdunstung unter der Tropensonne groß ist, trocknet er nach der Regenzeit normalerweise schnell wieder aus. Dann wird es für die Flamingos Zeit, weiterzuziehen.

SEITE 128/129 *Laut dem Flamingoforscher Graham McCulloch haben sich im Sommer 2006/2007 200 000 Flamingos in der Sowa-Pfanne in Botswana aufgehalten. Das ist die gesamte Population des südlichen Afrika. Die große Zahl hängt mit dem guten Regen und der erfolgreichen Brut im Sommer 2005/2006 zusammen.*

»Manchmal habe ich Angst, dass meine
Behauptungen, obwohl sie wahr sind,
als Übertreibungen angesehen werden;
die Fakten können aber gar nicht
übertrieben dargestellt werden.«

DAVID LIVINGSTONE
SCHOTTISCHER AFRIKAFORSCHER
1813–1873

FLÜSSE

ENDLICH BEGINNT DAS ABGESTANDENE WASSER wieder zu fließen. Der Wasserspiegel in den von Schilf und Papyrus umsäumten Kanälen steigt langsam an. Sandbänke und ausgetrocknete Inseln versinken in der Flut. Nach etwa 1800 Kilometern ist das Wasser aus dem Hochland Angolas, wo es ein halbes Jahr zuvor heftig geregnet hat, endlich angekommen. Während die gesamte Kalahari an der Dürre der Trockenzeit leidet, wächst das Sumpfgebiet des Okavangodeltas auf die doppelte Größe an. Die mitgebrachten Nährstoffe bringen das größte Binnendelta der Erde zum Erblühen. Während die mit den Piranhas verwandten Tigerfische gegen den Strom wandern, um an einem geheimen Ort zu laichen, besiedeln die frisch geschlüpften Krokodile das Delta stromabwärts. Marabus, Klaffschnäbel, Störche und Reiher fliegen zu Tausenden auf ihre Brutinseln und beginnen mit der Balz.

Neben dem Okavango führen in der Kalahari nur drei weitere Flüsse ganzjährig Wasser: der Chobe im Norden Botswanas, der Sambesi in Sambia und Simbabwe und der Oranje am Rand der Kalahari in Südafrika. In der Trockenzeit werden sie zu Lebensadern für Menschen und Tiere. Am Chobe versammeln sich riesige Tierherden, darunter Büffelherden mit über tausend Tieren. Wo Büffel grasen, sind Löwen nicht weit. Jeden Morgen liefern sie sich einen unerbittlichen Kampf auf Leben und Tod.

Zwei Flüsse haben in der sonst ebenen Kalahari beeindruckende Naturlandschaften geformt. Über 60 Meter stürzt der Oranje bei den Augrabies Falls im Norden Südafrikas hinab und wälzt sich dann durch eine 240 Meter tiefe und 18 Kilometer lange Schlucht aus Granit weiter. Noch gewaltiger sind die Victoriafälle zwischen Sambia und Simbabwe. Hier hat sich der größte Wasserfall Afrikas in den schwarzen Basalt eingefressen.

Heftige Gewitter entladen sich zu Beginn der Regenzeit über dem Okavangodelta.

In wilden Verfolgungsjagden, tauchend und spritzend, mit weit geöffneten Mäulern üben junge Nilpferde in einem Hippo-Pool am Khwai-Fluss spielerisch den Kampf. Obwohl schon groß, werden sie noch von ihren Müttern umsorgt. Bis zur Geschlechtsreife mit etwa sechs Jahren bleiben junge Nilpferde in der Nähe der Mutter.

Nilpferdbullen verteidigen ihr Revier aggressiv gegen Konkurrenten. Als Drohung, beim Gähnen und im Kampf reißen sie die riesigen Kiefer in einem Winkel bis zu 150 Grad auf. Die gefährlich langen Eckzähne wachsen zeitlebens nach und werden durch die Gegenzähne messerscharf geschliffen. Auch der Löwe am Khwai geht einem ausgewachsenen Nilpferd normalerweise aus dem Weg.

In einer Vogelkolonie im Okavangodelta warten männliche Fischreiher in der Krone von Wasserfeigen auf paarungswillige Weibchen. Die Landung eines Konkurrenten löst lebhaftes Gezänk aus. Fischreiher sind auch in Europa wieder häufig anzutreffen, obwohl sie lange Zeit als Fischschädlinge erbarmungslos verfolgt wurden. Mäuse stehen aber ebenso auf ihrem Speiseplan. Oft kann man sie in Wiesen regungslos auf Beute lauern sehen.

OBEN LINKS *Ein Silberreiher bringt Nistmaterial zum Nest.*
OBEN RECHTS *Afrikanische Nimmersatte erhielten ihren deutschen Namen wegen des enormen Nahrungsbedarfs der Jungvögel. Drei Wochen sind beide Eltern nur mit dem Füttern der schnell wachsenden Jungstörche beschäftigt.*

UNTEN LINKS *Den Rötelpelikanen wächst zur Paarungszeit ein Schopf und der normalerweise rosafarbene Schnabel färbt sich gelb.*
UNTEN RECHTS *Marabus nisten am Ende der Trockenzeit, wenn viele Tiere verenden. Dann ist der Tisch für die Aasfresser reich gedeckt. Mit ihrer Flügelspannweite von nahezu drei Metern sind sie fast so groß wie Andenkondore.*

DONNERNDER RAUCH
DIE VIKTORIAFÄLLE

BIS AN DEN ÄUSSERSTEN RAND DES WASSERFALLS kroch der berühmte schottische Missionar und Afrikaforscher David Livingstone, als er 1855 als erster Weißer die Victoriafälle entdeckte. Begeistert hat er in seinem Tagebuch »diesen schönsten Anblick, den er in Afrika erlebt hat« beschrieben. Obwohl er normalerweise nicht, wie viele seiner englischen Forscherkollegen, jedem Inselchen und jeder Landspitze einen englischen Namen gab, machte er in diesem Fall eine Ausnahme. Er nannte diesen majestätischen Ort zu Ehren seiner Königin »Victoria Falls«.

Die einheimischen Kololo nennen die Victoriafälle *Mosi oa tunya* – donnernder Rauch. Bereits aus 30 Kilometern ist die bis zu 400 Meter hohe Gischtwolke am Horizont zu sehen. Auch Livingstone schrieb: »Das Erste was man aus einer Entfernung von etwa zwei Stunden erblickt, gleicht in der Tat ganz und gar den riesigen Rauchsäulen, die bei dem in Afrika so gewöhnlichen Wegbrennen des dürren Graswuchses auftreten. Vom Winde gebogen und sich anscheinend mit den Wolken vermischend, leibhaftiger Rauch!« Die Entstehung des Naturwunders war ihm sofort klar: »Die Fälle sind nichts weiter als ein Riss in den harten Basaltfelsen vom rechten nach dem linken Ufer des Sambesi.«

Der Sambesi ist mit 2736 Kilometern der längste Fluss im südlichen Afrika. Seine Quelle liegt auf der Lundaschwelle in Sambia, an der Grenze zur Demokratischen Republik Kongo und zu Angola. Er fließt durch Sambia, Angola und Mosambik, wo er in den Indischen Ozean mündet. Oberhalb der Victoriafälle mäandriert der Sambesi gemächlich auf bis zu zwei Kilometern Breite. Dann versinkt er auf der ganzen Breite abrupt in einer 108 Meter tiefen Basaltschlucht. Während des Hochwassers im April stürzen rund zehn Millionen Liter Wasser pro Sekunde in die Tiefe. Das ist mehr als bei jedem anderen Wasserfall der Welt. Der größte Wasserfall Afrikas ist doppelt so hoch und eineinhalb Mal so breit wie die Niagarafälle.

Wir nähern uns den Victoriafällen nicht wie Livingstone im Kanu, sondern zu Fuß über die Pfade des kleinen Victoria Falls National Park in Simbabwe. Verwundert finden wir uns plötzlich in einem tropischen Regenwald wieder. Paradiesisch wirkt das üppige Grün der Palmen, Farne und Würgefeigen im Sprühnebel der Wasserfälle. Lange bevor wir

Im Sprühnebel der Victoriafälle wächst inmitten der sonst trockenen Kalahari ein kleiner tropischer Regenwald.

Der Mosi oa Tunya National Park schützt jenen Teil der Viktoriafälle, der in Sambia liegt. Von dort näherte sich einst auch der schottische Afrikaforscher Livingstone dem Rand der Victoriafälle. Bei niedrigem Wasserstand kann man die genaue Stelle auf Livingstone Island besuchen. Von Sambia aus schaut man auf die dem Wasserfall gegenüberliegende Wand der Schlucht.

die Fälle sehen, hören wir das tosende Wasser. Als sich der Wald öffnet und den Blick auf die Victoriafälle freigibt, sind wir, wie Livingstone vor 150 Jahren, überwältigt von diesem Naturspektakel. Am Abgrund der Schlucht blicken wir auf die gewaltigen Wassermassen, die an der gegenüberliegenden Wand herunterstürzen. Golden glitzern die Wassertropfen der Gischt im Licht der aufgehenden Sonne. Als die Sonne höher steigt, verbindet ein doppelter Regenbogen die beiden Seiten der Schlucht.

»Auch die Engel würden staunen über diesen Anblick«, schrieb einst Livingstone. Heute werben Fluganbieter mit diesem Slogan. Im Leichtflugzeug überfliegen wir die Fälle und staunen. Der fast zwei Kilometer breite, ruhig fließende Sambesi scheint in einem gewaltigen rauchenden Riss in der Erdkruste zu verschwinden, um dann beim einzigen schma-

len Abfluss durch die Batokaschlucht als reißender Strom wieder aufzutauchen. Über Jahrmillionen hat sich der Sambesi durch die dicke Basaltdecke in die Tiefe gegraben. Bewegungen in der Erdkruste haben seine Fließrichtung mehrmals geändert. An Stellen, wo Risse im Basalt mit weicherem Sandstein gefüllt sind, fraß er im Laufe der Zeit acht Wasserfälle aus. Die im Zickzack angeordneten Schluchten unterhalb der heutigen Victoriafälle zeugen davon. Ein neuer Einschnitt kündet bereits die Lage der neunten Fälle an, wo der Sambesi wahrscheinlich in einigen tausend Jahren über eine neue Abbruchkante stürzen wird.

1989 hat die UNESCO die Victoriafälle zum Weltnaturerbe erklärt. Kaum jemand bereist das südliche Afrika, ohne einen Abstecher zu den Victoriafällen zu machen. Neben

Im Victoria Falls National Park in Simbabwe führt ein ungesicherter Fußweg die Schlucht entlang. Gegenüber tost das Wasser in den Abgrund. Man muss schon schwindelfrei sein, um vom Danger Point aus über hundert Meter in die Tiefe zu schauen. Im sogenannten Boiling Pot sammelt sich das Wasser der Viktoriafälle, bevor es durch die Batokaschlucht abfließt.

der einmaligen Naturlandschaft steht heute für immer mehr Touristen der Adrenalinkick im Zentrum. »Adrenaline City« wird das Städtchen Victoria Falls genannt, das sich in den letzten Jahren mit großem Erfolg auf den Abenteuer-Tourismus ausgerichtet hat. Drei Viertel der Besucher kaufen sich für viel Geld ihr Abenteuer ein. Einige stürzen sich an einem Seil von der 111 Meter hohen Eisenbahnbrücke über den Sambesi, die Zimbabwe mit Sambia verbindet. Sie können sich rühmen, den längsten Bungee-Jump der Welt gemacht zu haben. Noch beliebter ist Rafting. Die meisten Besucher möchten einmal in ihrem Leben die berüchtigten Stromschnellen des Sambesi bezwingen. Im Nassanzug, mit Schwimmweste und Helm werden täglich Hunderte von Touristen die steile Eisentreppe hinunter zu den Schlauchbooten geführt. Bei niedrigem Wasserstand geht's gleich nach dem Abfluss am oberen Ende der Batokaschlucht los. Aufgeregt, erwartungsvoll, aber noch zuversichtlich sehen die Abenteuersuchenden aus, als ein Boot nach dem anderen losfährt. Nach den ersten zwei Stromschnellen klammern sie sich bereits klitschnass und kreischend an die Seile der Gummiboote. Was würde wohl Livingstone, ein Afrikaabenteurer der ersten Stunde, dazu sagen?

Bei niedrigem Wasserstand in trockenen Jahren dehnt sich der Wasserfall nicht über die ganze Breite von fast zwei Kilometern aus. Neben dem auch dann mächtigen Hauptfall fließen gegen Osten nur noch vereinzelte Rinnsale über die Basaltwand.

SEITE 142/143 *Die aufgehende Sonne taucht den weithin sichtbaren Gischtnebel der Viktoriafälle in rosa Pastellfarben.*

Gegen Ende der Trockenzeit erreicht die Flut aus Angola auch den Khwai-Fluss im Südosten des Okavangodeltas. Viele der großen afrikanischen Tiere wandern dann ans Wasser. Im Gegensatz zum inneren Delta kann diese Region im Moremi Game Reserve auch mit dem Auto besucht werden. Am Rand des Okavangodeltas grenzen Mopanewälder an saisonal überflutete Schwemmebenen und Lagunen.

Die Feuchtigkeit beginnt sich ab September wieder am Himmel zu sammeln. Dann nimmt am südlichen Rand des Tropengürtels die Kraft der Sonne stark zu, und ab Oktober wird die Hitze fast unerträglich. Nach Monaten mit wolkenlosem, stahlblauem Himmel bilden sich nun Tag für Tag immer spektakulärere Wolkenformationen. Einige Wochen später entladen sie sich in ersten Regengüssen.

OBEN *Mit ihren oben auf dem Kopf angeordneten Augen, Ohren und Nasenlöchern können Nilpferde fast völlig untergetaucht atmen und die Umgebung beobachten. Tauchen sie ganz ab, verschließen sie die Nasenlöcher und Ohren.*
RECHTS *Nilpferde verbringen die meiste Zeit des Tages im Wasser. Erst in der Kühle der Nacht wandern sie an Land, um zu grasen.*

SEITE 148/149 *Die Baumskelette auf Dead Tree Island im Moremi Game Reserve zeugen von einer früheren Überflutung der Insel.*

GEMEINSAM STARK
DIE BÜFFEL AM CHOBE-FLUSS

BREITBEINIG VERSPERRT DER TONNENSCHWERE BÜFFEL DEN WEG. Rot unterlaufene Augen fixieren uns. Weit geöffnete Nüstern wittern Gefahr. Gewaltige Hörner zeigen bedrohlich in unsere Richtung. Hinter dem Koloss wandern im ersten Morgenlicht Hunderte Büffel von der großen Schwemmebene des Chobe ins Buschland zurück. In der Mitte der Herde die Weibchen mit ihren Jungen, an den Flanken zu ihrem Schutz die massigen Stiere. Doch nicht uns gilt die Vorsicht der Büffel. Im Rückspiegel sehen wir, wie sich ein Löwenrudel langsam nähert. Fünf Löwinnen beobachten mit uns die ins Dickicht ziehende Büffelherde, bis nur noch ein Nachzügler der Herde hinterherhumpelt. Da greifen sie an. Eine Staubwolke verbirgt den Kampf. Wir haben den Angegriffenen schon aufgegeben, als eine Gruppe von Büffeln aus dem Gebüsch prescht. In einer furiosen Gegenattacke gehen sie auf die Löwinnen los, die vor so viel geballter Kraft die Flucht ergreifen.

Büffel gehören neben Elefanten, Nashörnern, Löwen und Leoparden zu den sogenannten »Big Five«, jenen Tieren Afrikas, die am schwierigsten und gefährlichsten zu jagen sind. Trophäenjäger haben sie gnadenlos verfolgt und in einigen Ländern fast ausgerottet. Andererseits haben mehr Großwildjäger ihr Leben durch Büffel verloren als durch irgendein anderes afrikanisches Wildtier. Trotzdem wird die Angriffslust von Büffeln stark übertrieben. Bei den meisten Jagdunfällen waren die Tiere verwundet. Denn Büffel greifen erst an, wenn sie so sehr in die Enge getrieben werden, dass sie keinen anderen Ausweg mehr sehen.

In der Trockenzeit versammeln sich am Chobe im Norden Botswanas mehrere, bis zu tausend Tiere zählende Büffelherden. In der Morgendämmerung ziehen sie von der Überschwemmungsebene, wo sie während der Nacht das frische Gras abweiden, ins Buschland zurück. Dort verbringen sie die heiße Tageszeit wiederkäuend im Schatten. Gegen Abend machen sich die Herden auf den Weg zurück zum Fluss.

Büffelherden vereinen Familien aus mehreren Weibchen mit ihrem Nachwuchs. Eine Familie hält eng zusammen und schützt auch geschwächte, blinde oder verletzte Tiere. Junge Stiere verbünden sich innerhalb der Herde zu Junggesellengruppen. Ältere Stiere leben alleine oder in kleinen Gruppen etwas abseits der Herde. Innerhalb beider Geschlech-

Fortsetzung Seite 154

Tausende Büffel versammeln sich in der Trockenzeit am Chobe-Fluss im Norden Botswanas.

Ruhende Büffel drängen sich im hohen Gras dicht aneinander. Als kompakte Herde sind sie für Löwen fast nicht angreifbar. Erst wenn sich die Büffel zur Futtersuche erheben, droht ihnen wieder Gefahr. Dann können Löwen ein schwaches oder hinkendes Tier von einem wehrhaften Büffel unterscheiden.

OBEN LINKS *Die Hörner des Büffelstiers wachsen vorne zu einem Schild zusammen.*

OBEN RECHTS *Kämpfend halten Büffelstiere die Rangordnung aufrecht. Nur beim Kampf um ein Weibchen prallen sie aber mit voller Wucht aufeinander. Die Kraft entspricht dann einem Auto, das mit 50 Stundenkilometern in eine Wand fährt.*

UNTEN LINKS *Auch Büffelweibchen tragen Hörner, jedoch ohne Hornschild. Mit den Stieren legen sie sich nicht an, da sie ihnen körperlich immer unterlegen sind. Unter den Weibchen herrscht eine eigene Rangordnung.*

UNTEN RECHTS *Büffelkälber folgen der Mutter schon kurz nach der Geburt. Auf Leben und Tod werden sie von ihren Müttern gegen Raubtiere verteidigt.*

Am Abend wandern die Büffelherden zum Chobe-Fluss. Die Nacht verbringen sie grasend in der Schwemmebene. Ein hoher Rang verschafft einem Büffel einen guten Fressplatz an der Spitze der Herde. Büffel am hinteren Ende der Herde müssen mit dem auskommen, was ihnen die vorderen Tiere übrig lassen. Außerdem sind sie das bevorzugte Ziel von Löwenangriffen.

ter hält Imponierverhalten wie Kopfnicken, Schnauben und Scharren die Rangordnung aufrecht. Der Rang eines Tieres ergibt sich aus einer Kombination von Größe, Kraft und Alter. Weibchen steigen zusätzlich in der Hierarchie auf, wenn sie ein Junges führen. Stiere dominieren schon allein wegen ihrer Größe immer über Weibchen. Zur Paarungszeit kämpfen sie heftig um die Gunst der Weibchen. Sie rennen aufeinander los und prallen krachend mit den Hörnern zusammen. Meist entscheidet sich ein Kampf schnell, ernsthafte Verletzungen sind selten. Ein hoher Rang berechtigt dazu, an der Spitze und im Zentrum der Herde zu grasen. Dort ist das Gras weniger abgefressen und die Tiere sind besser vor Feinden geschützt. Die Führung der Herde ist jedoch nicht festgelegt. Hochrangige Tiere beiderlei Geschlechts geben abwechselnd vor, in welche Richtung die Herde zieht.

Büffel sind eng mit Hausrindern verwandt. Ansteckende Krankheiten werden gegenseitig übertragen. Ende des 19. Jahrhunderts hat die von Asien eingeschleppte Rinderpest in Afrika nahezu alle Rinder und Büffel dahingerafft. Die Folge war eine verheerende Hungersnot in weiten Teilen des Kontinents. Eine andere Krankheit, die Maul- und Klauenseuche, ist für afrikanische Rinder und Büffel harmlos, gehört aber in Europa zu den gefürchteten Tierseuchen. Darum hat die EU strenge Importrichtlinien für Fleisch erlassen. Die Rinder der exportorientierten Fleischindustrie müssen von wild lebenden Büffeln, die das Virus tragen, getrennt werden. Botswana hat deshalb seit Mitte des 20. Jahrhunderts Tausende Kilometer Viehzäune errichtet. Eine weitere Krankheit, die Rindertuberkulose, wird durch ein Bakterium übertragen. 1995 breitete sie sich von Namibia nach Botswana aus. 320 000

In der Morgendämmerung ziehen die Büffelherden von der Schwemmebene des Chobe zurück ins Buschland. Im Schatten verbringen sie die heiße Tageszeit und nutzen diese zum Wiederkäuen.

Rinder mussten notgeschlachtet werden. Die Krankheit schadet nicht den Hausrindern, sondern bedroht die Wildtierbestände. Angesteckte Büffel sterben und mit ihnen Raubtiere wie Löwen und Hyänen, die sich von den Kadavern ernähren. Zum Schutz hat sich Botswana in den folgenden Jahren mit neuen Viehzäunen gegen Namibia abgegrenzt.

Das Zerschneiden der Lebensräume durch Zäune ist jedoch problematisch für die Wildtiere. Ihre natürlichen Wanderrouten werden unterbrochen. In den Dürrejahren nach 1980 sind Hunderttausende Gnus und andere Antilopen verendet, weil sie von Wasser und Weideland abgeschnitten waren. In der Zwischenzeit hat Botswana seine Strategie geändert und nimmt bei neuen Viehzäunen mehr Rücksicht auf die natürlichen Tierwanderungen. Zwischen Botswana und Namibia wurde gar ein 40 Kilometer breiter Wildkorridor wieder geöffnet.

Am Chobe ist es Abend geworden. Elefanten und Giraffen ziehen gemächlich über die weite Ebene. Vorsichtig bricht der erste Büffel aus dem Gebüsch. Weitere folgen. Bald sind wir von mehreren Hundert Tieren umgeben. Zwischen den Büffeln machen sich weiße Kuhreiher über die aufgescheuchten Insekten her. Eine Gruppe von Madenhackern lässt sich auf den Büffeln nieder, um nach Parasiten zu picken. Über eine halbe Stunde zieht die Herde an uns vorbei, zurück zur fruchtbaren Schwemmebene. Etwas beunruhigt erinnern wir uns an Geschichten, in denen Büffel angeblich Menschen niedergerannt haben. Doch wir erleben die Büffel als extrem friedliche und vorsichtige Tiere.

Neugierig und doch vorsichtig geht eine Büffelkuh der Herde voraus. Wenn ihr etwas unbekannt und nicht ganz geheuer erscheint, macht sie lieber einen Bogen.

SEITE 158/159 *Morgens und abends nutzen die Büffel die Überquerung des Chobe, um zu trinken.*

OBEN *Die Nächte im Busch verbringt man heute zumeist in fest auf dem Autodach installierten Zelten. Sie lassen sich einfach aufklappen und ebenso schnell wieder zusammenpacken.*
LINKS *Im Südwesten grenzt die Kalahari an den Oranje-Fluss. Im südafrikanischen Nationalpark Augrabies Falls fließt er durch eine atemberaubende, 240 Meter tiefe Granitschlucht.*

OBEN *Wildhunde sind akut vom Aussterben bedroht. Ihre Zahl schätzt man noch auf lediglich 3000 bis 5000 Tiere, rund 750 davon leben in Botswana. Das südliche Afrika ist eines ihrer letzten Rückzugsgebiete.*
RECHTS *Wildhunde gelten als die besten Jäger unter den Säugetieren. In neun von zehn Jagdversuchen sind sie erfolgreich. Ihre Beute verschlingen sie hastig, weil die stärkeren Löwen und Hyänen häufig schnell zur Stelle sind. Auch junge, schwangere oder kranke Tiere, die an der Jagd nicht teilnehmen können, erhalten ihren Anteil am Futter. Wildhunde würgen bereitwillig Fleisch wieder heraus, bis die Beute gleichmäßig unter allen Rudelmitgliedern aufgeteilt ist.*

SMARAGD IM SAND
DAS OKAVANGODELTA

LANGSAM, FAST GERÄUSCHLOS GLEITEN WIR durch das klare Wasser. Schwärme von kleinen silbrig glänzenden Fischen suchen im dichten Unterwasserwald Deckung. Über uns zieht, laut schnatternd, eine Formation von Nilgänsen dahin. Blatthühnchen balancieren über blühende Seerosenfelder. Auf weiten Riedflächen tanzen Hunderte von Libellen in der Sonne. Nilpferde holen in regelmäßigen Abständen schnaubend Luft. Tief atmen wir den würzigen Duft des wilden Salbeis ein. Wie durch ein Wunder fällt die europäische Hektik von uns ab, während wir uns im Mokoro durch die paradiesische Landschaft des Okavangodeltas führen lassen.

Das Mokoro, ein schmaler Einbaum mit flachem Boden, kann selbst durch bewachsene Sümpfe mit geringem Wasserstand bewegt werden. Ein Poler stößt das wacklige Boot mit einem langen Holzstab, dem Pole, vorwärts. Die Bayei haben das Boot erfunden, als sie sich im 18. Jahrhundert als Fischer, Jäger und Sammler im Okavangodelta niederließen. Traditionell werden Mokoros aus dem harten und widerstandsfähigen Holz des Jackalberry-Baums gefertigt. Um den Baumbestand zu schonen, wird heute für den Tourismus Fiberglas eingesetzt.

Als es Abend wird, stakt uns unser Führer Shaku zum Camp zurück. Konzentriert hält er nach Nilpferden Ausschau. Die schreckhaften Kolosse greifen an, wenn man ihnen zu nahe kommt. In der Abenddämmerung schwillt der Chor der Frösche an. Wir hören einen Klang wie gläserne Glocken heraus. Es ist der Ruf des kaum einen Zentimeter großen Riedfrosches. Prächtig, im rot-weißen Farbkleid, sitzt er auf den Halmen der Binsen. In der Mittagshitze bleicht er aus, um das Sonnenlicht besser zu reflektieren. Ein Wunder, dass der Winzling dabei nicht vertrocknet.

Früh am nächsten Morgen fahren wir im Mokoro zu einer Vogelkolonie. Sicher vor Räubern brüten Zehntausende Vögel auf kleinen Inseln im Geäst von Wasserfeigen. Marabustörche und afrikanische Nimmersatte klappern ihre Partner verführerisch an. Einige haben sich schon gepaart und sitzen auf ihren Eiern. Die jungen Pelikane sind bereits geschlüpft. Klaffschnäbel, Ibisse und verschiedene Reiherarten fliegen in großen Schwärmen an, um hier mit dem Paarungstanz zu beginnen.

Fortsetzung Seite 168

Neugierig beobachtet ein Nilpferd im Okavangodelta das Treiben am Ufer.

Zwei junge Elefantenbullen liefern sich beim Überqueren des Khwai einen spielerischen Kampf. Elefanten sind gute Schwimmer. Dabei tauchen sie fast völlig unter und benutzen den Rüssel als Schnorchel.

OBEN LINKS *Männliche Litschi-Moorantilopen grasen am Ufer des Okavangos. In der Nähe des Wassers müssen sie sich vor Krokodilen in Acht nehmen.*
OBEN RECHTS *Die Farbenpracht des winzigen Riedfrosches bleicht in der Mittagshitze aus, um das Sonnenlicht besser zu reflektieren und nicht auszutrocknen.*

UNTEN LINKS *Nach trägen Stunden in der Tageshitze erwacht das junge Nilpferd am Abend herzhaft gähnend zu neuem Leben.*
UNTEN RECHTS *Beim abendlichen Bad der Witwenpfeifgänse im Khwai spritzen die Wassertropfen silbrig auf.*

Der auffliegende Silberreiher erinnert an eine Balletttänzerin. Die leuchtend grüne Wachshaut um die Augen zeigt seine Paarungsstimmung an. Zusammen mit vielen anderen Wasservögeln brüten die Silberreiher im Okavangodelta in zwei Hauptbrutgebieten. Silberreiher sind weltweit verbreitet und kommen auch in Europa vor, wo sie zu Beginn des 20. Jahrhunderts fast ausgerottet wurden. Ihre langen Schmuckfedern zur Brutzeit waren damals in der Damenmode sehr begehrt.

Über 450 Vogelarten leben im Okavangodelta. Die Brutkolonien der Wasservögel gehören zu den weltweit spektakulärsten. Zusammen mit der einmaligen Pflanzenwelt und der ungewöhnlichen Vielfalt an Fischen, Insekten, Amphibien und afrikanischen Großtieren machen sie das Okavangodelta zu einem der artenreichsten Gebiete der Erde.

Unterwegs im Paradies aus Wasserkanälen, Sümpfen und Lagunen ist es kaum vorstellbar, dass wir uns mitten in der kargen Kalahari befinden. Der Okavango und der Regen versorgen das Sumpfgebiet abwechselnd mit Wasser. Im Winter, wenn die Trockenheit das Leben in der Kalahari ausdörrt, überflutet der Okavango das Delta mit Wasser aus dem 1800 Kilometer entfernten Hochland von Angola. Kaum ist das Delta im August bis auf 25 000 Quadratkilometer angewachsen, beginnt es auch schon wieder zu schrumpfen. Das

Wasser verdunstet schnell, nur wenige Prozente versickern oder erreichen den Abfluss im Städtchen Maun. Ab November versorgt die Regenzeit in Botswana das Delta mit neuem Wasser. Diese halbjährliche Dynamik schafft ein Mosaik sich ständig verändernder Wasserläufe, Riede, Inseln, Sandbänke und zeitweise überschwemmter Ebenen.

Mit dem Buschflugzeug fliegen wir in den nördlichen Teil des Deltas nach Vumbura. Unser Führer Obonje fährt uns im schweren Geländefahrzeug von der Landepiste zur Luxuslodge. Es ist Ende Winter, die saisonal überfluteten Grasebenen liegen trocken. Trotzdem müssen wir mehrere fast metertiefe Wasserkanäle durchqueren. An sumpfigen Stellen springen Litschi-Moorantilopen spritzend davon. Eine Gruppe von Löwen erwartet im hohen Gras die näher kommende Büffelherde. Elefanten setzen ihre enorme Kraft ein, um

Die Vogelkolonien im Okavangodelta gehören zu den weltweit spektakulärsten. In der Pom-Pom-Region im Südwesten brüten Zehntausende Klaffschnäbel, Ibisse, Pelikane, Störche und Reiher zur gleichen Zeit auf kleinen Inseln. Im Geäst der Wasserfeigen, umgeben von Wasser, sind sie vor Raubtieren gut geschützt.

Nüsse von den Palmen zu schütteln. Mit ihnen freut sich eine Gruppe von Pavianen, die sich schnell ein paar Palmnüsse greift, um sie im sicheren Abstand zu den Elefanten zu verzehren. Dramatische Wolkenformationen, Blitz und Donner künden den ersten Frühlingsregen an. Während des heftigen Gewitters genießen wir das Abendessen in der edlen Lodge.

Luxuslodges wie »Vumbura« sind typisch für Botswana. Um seine ökologisch wertvollen Gebiete wirkungsvoll zu schützen, setzt das Land auf Hochpreis-Tourismus und beschränkte Besucherzahlen. Nur 50 000 Touristen werden pro Jahr ins Delta gelassen. Bis auf sehr wenige günstige Anbieter kostet ein Tag im Okavangodelta zwischen 300 und 1000 Euro pro Person. Das Nutzungsrecht des Landes gehört dem Okavango Community Trust, der die Interessen der einheimischen Dorfgemeinschaften vertritt. Sie verpachten große Gebiete gegen Geld und Arbeitsplätze an die Lodges, behalten aber ein Mitspracherecht beim Naturschutz und den touristischen Aktivitäten. So versucht die Regierung zu verhindern, dass ausländische Investoren die Naturschätze Botswanas ausbeuten.

Am nächsten Morgen entdecken wir in der Nähe der Lodge Leopardenspuren. Obonje folgt der Fährte, steuert kreuz und quer über die baumbewachsene Insel. Aufgeregt beteiligen wir uns an der Suche. Eine Leopardensichtung gehört auch für uns zu den besonderen Erlebnissen auf einer Safari. Doch nach zwei Stunden geben wir enttäuscht auf. Ein letzter Blick zurück, bevor wir weiterfahren. Da bewegt sich etwas im Geäst eines Baumes. Zwischen grünen Blättern erblicken wir endlich die gut getarnte Großkatze. Schon eine ganze Weile hat die Leopardendame uns von einem Baum aus beobachtet. Das ist der wahre Luxus im Okavangodelta, die Begegnung mit wilden Tieren in einer unberührten Natur.

Eineinhalb Jahre hat die Leopardin in Vumbura im Okavangodelta ihr Junges allein aufgezogen, gefüttert und beschützt. Nun, nachdem es gelernt hat, selbst zu jagen, ist es gerüstet für das Leopardenleben.

OBEN *Leoparden sind konsequente Einzelgänger. Scharf riechende Duftmarken warnen Artgenossen, wenn ein Gebiet besetzt ist. Auch die Weibchen verteidigen ihr Revier aggressiv gegen Konkurrentinnen. Das Revier eines Weibchens überschneidet sich aber meistens mit denen von männlichen Tieren. Aber nur wenn eine Leopardin empfängnisbereit ist, toleriert sie vorübergehend ein Männchen an ihrer Seite.*
RECHTS *Den Tag verbringen Leoparden im Unterholz oder im Geäst eines Baums. Durch ihre Fellzeichnung sind sie perfekt getarnt.*

OBERE REIHE *Wie Spinnennetze überziehen die Spuren der großen Säugetiere die Landschaft im Okavangodelta. Auch das Mosaik aus Wasserkanälen, Lagunen, kleinen Inseln und Schwemmebenen ist nur aus der Luft zu erkennen.*
UNTEN LINKS *Große Büffelherden ziehen zu den saisonal überfluteten Schwemmebenen, wenn mitten in der Trockenzeit die Flut aus Angola das Wasser wieder steigen lässt.*
UNTEN RECHTS *Litschi-Moorantilopen fliehen bei Gefahr ins knietiefe Wasser, wo sie mit ihren breiten Hufen schneller rennen können als Raubkatzen und Hyänen.*

SEITE 176/177 *Eine Gruppe von Nilpferden verbringt den heißen Tag im kühlen Wasser.*

OBEN *Wie viele andere Elefanten ist dieser einsame Bulle in der Trockenzeit ins Okavangodelta gezogen. Während die übrige Kalahari unter der Dürre leidet, bietet das Delta Wasser und Futter im Überfluss.*
RECHTS *Eine Elefantenfamilie durchwandert die Sümpfe des Okavangodeltas auf der Suche nach Nahrung. Elefanten fressen verschiedene Wasser- und Sumpfpflanzen und sogar Schilf, das nur wenige Tiere verdauen können. Nichts mögen sie allerdings lieber als die Nüsse der Makalani-Palmen.*

OBEN *Abend für Abend fliegen die Reiher zu ihrem Schlafbaum. Auf ihm verbringen sie, geschützt vor Raubtieren, gemeinsam mit anderen Vögeln die Nacht.*
LINKS *Erst fünf Monate, nachdem die Flut aus Angola den Panhandle im Norden des Okavangodeltas erreicht hat, kommt das Wasser im Süden an. Mitten in der Trockenzeit erreicht dann das Delta seine größte Ausdehnung.*

EIN STARKES TEAM
DIE LÖWEN DER DUBA PLAINS

TIEFES KNURREN DRINGT AUS DEM SUMPF. Schlamm spritzt auf. Aggressiv streiten sich neun Löwinnen um die Beute. Jede versucht einen Bissen zu erwischen. Beim Überqueren eines Wasserlaufs haben sie die Moorantilope einem Krokodil abgerungen. Spontan ergriffen sie die Gelegenheit zur schnellen Beute. Typisch Löwen, die wie Hyänen auch Aas nicht verschmähen. Doch die Antilope ist viel zu klein für alle. Hastig stillen die Löwinnen den ärgsten Hunger. Das Gelage dauert nicht lange. Mit wehender Mähne kommt ein mächtiger Löwe angerannt und stürzt sich laut brüllend ins Gewühl. Die Löwinnen stieben auseinander. Unwillig überlassen sie die Mahlzeit dem Pascha.

Männliche Löwen sind mit über 200 Kilogramm zu schwer, um gute Jäger zu sein. Deshalb lassen sie lieber die Weibchen jagen. Wenn es ums Fressen geht, beanspruchen sie jedoch das Recht des Stärkeren. Das Leben eines dominanten Löwen ist nur auf den ersten Blick beneidenswert. Nacht für Nacht patrouilliert er die Reviergrenzen ab, schreckt Rivalen durch lautes Brüllen ab und markiert das Gebiet mit Urin. Trotzdem fordern ihn immer wieder Konkurrenten zum Kampf heraus. Nicht selten geht es dabei um Leben und Tod. Die meisten Männchen halten kaum mehr als zwei Jahre durch. Als abgesetzte Paschas fristen sie dann ein einsames Dasein und ernähren sich von Mäusen, Hasen und Stachelschweinen. Um länger an der Macht zu bleiben, verbünden sich oft bis zu vier Löwenmännchen und teilen sich ein Rudel. Auch die Löwinnen bevorzugen stabile Verhältnisse. Bei jeder Übernahme sind ihre Jungen in Gefahr. Die neuen Männchen töten sie, um möglichst schnell eigene Kinder zu zeugen. Denn nur Weibchen ohne Nachwuchs können schwanger werden. Solange sie Junge haben, unterdrücken Hormone die Empfängnisbereitschaft.

Das Löwenrudel in den Duba Plains, im Norden des Okavangodeltas, besteht aus neun Löwinnen mit ihrem Nachwuchs und zwei Löwenmännchen. Seit mehr als zehn Jahren sind die 15 Jahre alten Brüder, die »Duba Boys«, im Amt. Die frühere Trophäenjagd hat dazu geführt, dass bis Ende der 1990er Jahre keine Konkurrenten überlebten. Zudem isolieren Wasserläufe und Sümpfe das Gebiet und erschweren die Wiederbesiedlung. Deshalb sind die Duba Boys trotz ihres hohen Alters die unbestrittenen Herrscher von Duba. Die Nächte sind erfüllt von ihrem Gebrüll, das bis acht Kilometer weit zu hören ist.

Keine Scheu vor Wasser kennen die Löwinnen der Duba Plains im Okavangodelta. Auf der Jagd nach Büffeln müssen sie immer wieder Wasserläufe und Sümpfe überqueren.

Zwei Löwinnen der Duba Plains beschützen ihre Jungen. Ihre Schwestern lassen sie nur ungern in deren Nähe, denn immer wieder werden junge Löwen von anderen Weibchen im Rudel getötet. Ein ungewöhnliches Verhalten, denn normalerweise werden die Jungen in einem Löwenrudel von den Löwinnen gemeinsam aufgezogen.

OBEN LINKS *Das brüllende Löwenmännchen aus dem Moremi Game Reserve ist kilometerweit zu hören. Sein markerschütterndes Gebrüll soll Rivalen abschrecken, die es auf sein Rudel abgesehen haben. Auch Löwenweibchen brüllen, um mit anderen Rudelmitgliedern in Kontakt zu bleiben.*
OBEN RECHTS *Nach erfolgreicher Jagd räkelt sich die vollgefressene Löwin stundenlang träge im Gras.*

UNTEN LINKS *Der schon 15 Jahre alte »Duba Boy« wurde im Kampf mit den jungen Männchen des benachbarten Rudels verletzt. Nur sehr selten wird ein Löwenmännchen in der Wildnis so alt. Die meisten sterben schon im Alter von sieben bis zwölf Jahren.*
UNTEN RECHTS *Normalerweise schlafen Löwen am Tag und jagen in der Nacht. Die Löwinnen der Duba Plains haben sich jedoch erfolgreich auf die Büffeljagd am hellichten Tag spezialisiert.*

OBERE REIHE *Die beiden »Duba Boys« bleiben ihren jagenden Löwinnen dicht auf den Fersen. Sobald diese erfolgreich sind, beanspruchen sie die Beute für sich. Nur ein ausgewachsener Büffel reicht als Mahlzeit für das ganze Rudel.*
UNTEN LINKS *Hungrig beobachten die Löwinnen die ruhende Büffelherde. Sie wissen, dass die Büffel bald aufstehen werden, um zu grasen. Erst dann beginnt die oft stundenlang dauernde Jagd.*
UNTEN RECHTS *Hastig und nur leise knurrend verschlingen die hungrigen Löwinnen die kleine Moorantilope, die sie einem Krokodil abgenommen haben. Zu Recht befürchten sie, dass ihnen die Beute bald von einem der dominanten Männchen streitig gemacht wird.*

Fast zierlich wirkt die Löwin aus dem Kgalagadi Transfrontier Park im Gegensatz zu den muskulösen Tieren der Duba Plains. Während jene sich auf die körperlich anstrengende Büffeljagd spezialisiert haben, müssen sich Löwen in trockenen Gebieten oft mit kleinen Tieren wie Mäusen und Hasen zufriedengeben.

Löwen jagen normalerweise in der Nacht. Ihr Sehvermögen ist dann sechsmal besser als das der Menschen. Außerdem macht ihnen ihr verhältnismäßig kleines Herz in der Hitze zu schaffen, sodass sie den Tag lieber im Schatten verdösen. Die Löwinnen von Duba scheint das nicht zu kümmern. Sie haben sich erfolgreich auf die Büffeljagd am helllichten Tag spezialisiert. Ihre Jagdtechnik erfordert viel Kraft und Ausdauer. Muskelbepackt und bis zu 170 Kilo schwer, sind sie die größten Löwinnen, die wir je gesehen haben.

Als am nächsten Morgen die Sonne aufgeht, beobachtet das Löwenrudel aus kaum 100 Metern Entfernung die im Gras ruhende Büffelherde. Geduldig warten die Löwinnen, bis sich die Büffel erheben, um zu grasen. Dann trotten sie im Halbkreis näher, versuchen ein schwächeres oder einzelnes Tier auszumachen. Das ist schwierig, da die Büffel eng zusammenbleiben. Einzelne Löwinnen rennen deshalb auf die Herde zu, um sie in Bewe-

Eine paarungsbereite Löwin hält sich mit einem der Löwenmännchen etwas abseits des Rudels auf. Was wie ein romantisches Schäferstündchen aussieht, zehrt an ihren Kräften. Eine Woche lang paaren sich die beiden mehrmals pro Stunde. Dreieinhalb Monate später wird die Löwin in einem Versteck zwei bis drei Junge werfen.

gung zu bringen. Ein hinkender Büffel fällt etwas zurück. Blitzschnell stürzen sich die Löwinnen auf ihn. Ebenso schnell kommen ihm seine Artgenossen zu Hilfe. Die Löwinnen müssen sich zurückziehen, starten aber schon kurz darauf den nächsten Angriff. Eine solche Jagd kann stundenlang dauern, endet jedoch meistens mit einem Erfolg der Löwinnen. Etwa 15 Büffel erlegen sie pro Monat. Ihre große Erfahrung bewahrt sie seit Jahren vor verhängnisvollen Gegenangriffen. Ganz im Gegensatz zu einem einst benachbarten Rudel, bei dem die Büffel eine Löwin nach der anderen tödlich verletzten.

Der erlegte Büffel lebt noch und schaut uns direkt an, während er von den Löwinnen gefressen wird. Erst nach langen Minuten erlöst ihn der Tod. Diesmal ist genügend für alle da. Trotzdem sind am nächsten Tag nur noch Haut und Knochen übrig. Hyänen und Geier vertilgen auch diese letzten Reste. In der Nähe des Kadavers räkeln sich die Löwin-

nen mit dicken Bäuchen träge im Schatten. Erst übermorgen wird sie der Hunger wieder zu den Büffeln treiben. Die Löwinnen eines Rudels jagen nicht nur gemeinsam, sie ziehen auch die Jungen zusammen auf. Oft gebären sie kurz hintereinander und lassen auch Nichten und Neffen an ihre Zitzen. Zwei Löwinnen, etwas abseits des Rudels, umsorgen ihre beiden halbjährigen Jungen. Zärtlich lecken sie sich gegenseitig ab. Die raue Zunge entfernt Schmutz und Parasiten. Nach einem abkühlenden Regenschauer beginnen die Kleinen spielerisch zu kämpfen. Auch die erwachsenen Weibchen lassen sich davon anstecken und tollen mit den Jungen herum.

Obwohl die Löwinnen der Duba Plains jedes Jahr zwischen 15 und 22 Junge zur Welt bringen, ist die Rudelgröße seit Jahren stabil. Die Kindersterblichkeit bei Löwen ist generell hoch. Doch hier sterben die Jungen nicht nur eines natürlichen Todes. Immer wieder werden Junge von den Weibchen im Rudel getötet. Vielleicht um Inzucht zu verhindern, da sich die »Duba Boys« nach so vielen Jahren mit ihren Töchtern und Enkelinnen paaren? Oder damit das Rudel eine bestimmte Größe nicht übersteigt, weil die Nahrungsgrundlage für mehr Löwen nicht ausreichen würde? Darüber können wir nur spekulieren.

All diesen ökologischen Problemen zum Trotz haben die Duba Boys ihr Interesse an Sex noch nicht verloren. Inbrünstig leckend versucht einer ein Weibchen zu stimulieren. Bald werden sie sich ein paar Tage zurückziehen und sich mehrmals pro Stunde paaren. Die Tage der beiden alten Löwen sind jedoch gezählt. Im Nachbarrudel wachsen vier Löwenmännchen heran. Noch sind sie zu jung, aber bald werden sie stark genug sein, das Rudel der Duba Boys zu übernehmen.

Innig lecken sich ein junges Löwenmännchen und seine Mutter gegenseitig ab. Das reinigt das Fell und stärkt die Mutter-Kind-Beziehung. Auch die erwachsenen Löwen eines Rudels festigen durch Lecken das gegenseitige Vertrauen.

SEITE 192/193 *Elefantenherde auf einer Schwemmebene des Chobe-Flusses in Botswana.*

»Jeden Morgen in Afrika wacht eine Gazelle auf. Sie weiß, dass sie schneller rennen muss als der schnellste Löwe – oder sie wird getötet. Jeden Morgen wacht ein Löwe auf. Er weiß, dass er schneller rennen muss als die langsamste Gazelle – oder er wird verhungern. Es ist ganz gleich, ob man Löwe oder Gazelle ist; wenn die Sonne aufgeht, sollte man besser rennen.«

HERB CAEN
AMERIKANISCHER JOURNALIST
(1916–1997)

ANGOLA
NAMIBIA
BOTSWANA
SÜDAFRIKA
ATLANTISCHER OZEAN
K A L A H
Uutapi (Ombalantu)
Oshakati
Ondangwa
Nkurenkuru
Cuangar
Okavango
Calai
Rundu
Diricc
Nyangana
Mucuaso
Bagani
Luiana
Sioma Ngw
National Pa
C a p r i v i s
Mudumu National Park
Mahango Game Park
O v a m b o l a n d
Oshivelo
Tsintsabis
Namutoni
Etosha National Park
Okaukuejo
Ombika
Tsumeb
Kamanjab
Otavi
Grootfontein
Kano
Okatjoruu
Omatako
Tamsu
Khaudom Game Park
Sikereti
Tsumkwe
Nyae Nyae Conservancy
K a u k a v e l d
Tsodilo Hills
Sepupa
Sankara
Shakawe
Mamili National Park
O k a v a n g o
D e l t a
Moremi Game Reserv
Gumare
Nokaneng
Shorol
Maun
Tsau
Toteng
Sehitwha
Nhabe
Makalam
Lake Ngami
Bothatogo
Kuke
Outjo
Twyfelfontein
Khorixas
Cheetah Conservation Fund
Otjiwarongo
Okakarara
Gam
H e r e r o l a n d
Eiseb
Kalkveld
Sukses
Omatako
Uis Myn
Omaruru
Otjinene
Sommerdown
Epukiro
D a m a r a l a n d
Wilhelmstal
Karibib
Okahandja
Epukiro
Swakop
G h a n z i
Ghanzi
F a r m s
Central Kalaha Game Reserv
Karakubis
Tshootsha (Kalkfontein)
Buitepos
Mamuno
Gobabis
Windhoek
Swakopmund
K h o m a s
Walvis Bay
Kule
Lone Tree
Rehoboth
Palamakoloi
Leonardville
Derm
Tseteng
Kang
Tswaa
Solitaire
Hukuntsi
Tshane
Kalkrand
Aranos
Stampriet
Nossob
Mariental
Maltahöhe
Lendepas
Wêreldend
Sekoma
Gibeon
Witbooisvlei
Kgalagadi Transfrontier Park
Makopong
Werda
S c h w a r z r a n d
Twee River
Brukkaros
Terra Firma
Helmeringhausen
Wasser
N a m a l a n d
Tshabong
Keetmanshoop
Lüderitz
Schakalskuppe
Goageb
Coenbult
Aroab
Twee Rivieren
Molopo
Augrabies Falls National Park
Andriesvale

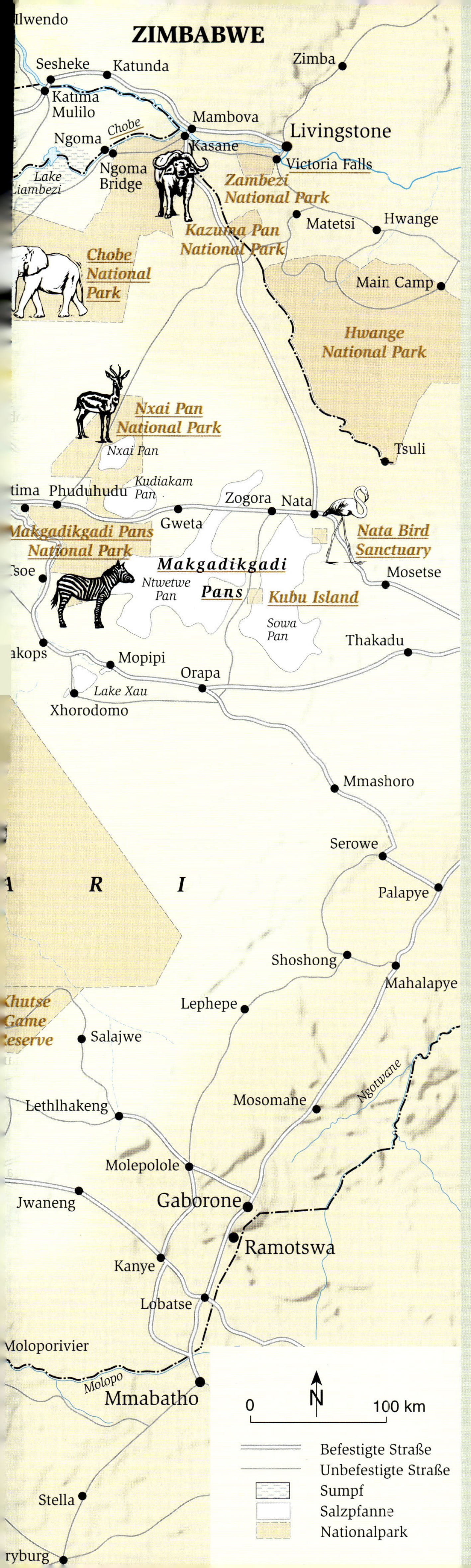

DIE KALAHARI *reicht vom Norden Südafrikas über Botswana und Namibia bis nach Simbabwe, Sambia, Angola und in den Kongo hinein. Der helle Bereich der Karte illustriert die Kernzone der Kalahari im südlichen Afrika. Dort führen nur die Flüsse Sambesi, Chobe und Okavango ganzjährig Wasser. Ansonsten ist lediglich in der Regenzeit vorübergehend Wasser vorhanden. Die unzählige fossilen Flussläufe sind schon seit Jahrtausenden trocken. Neben Schotterstraßen und Sandpisten erschließen bis heute nur wenige asphaltierte Straßen die Kalahari. Das Buch behandelt die hell dargestellten Gebiete der Kalahari. Die Fotografien und Geschichten stammen aus den unterstrichenen Schutzgebieten und Orten.*

IMPRESSUM

DER FOTOGRAF

Lorenz Andreas Fischer, 1966 in Luzern geboren, liebt seit seiner Kindheit die Natur; Sportarten wie Kajakfahren, Klettern oder Skifahren begeistern ihn. Nach einem Master Degree in Biologie an der ETH Zürich begann er eine berufliche Karriere als Ökologe und Mittelschullehrer. Immer mehr trat die Fotografie beruflich in den Vordergrund. Heute arbeitet er als freier Fotograf mit den Themenschwerpunkten Natur, Alpinsport und Reisen. – Aus der Faszination für die Natur, schöpft er die Hauptmotivation seiner Arbeit. Die Kamera ist für ihn ein Mittel, diese Begeisterung kreativ umzusetzen und dem Publikum weiterzugeben. Er ist Gründer und Geschäftsführer der Agentur ALLVISIONS, www.allvisions.ch

DIE AUTORIN

Judith Burri ist 1965 in Luzern/Schweiz geboren. Reisen ist ihre Leidenschaft. Sie hat schon viele der schönsten Naturgebiete auf der Welt besucht. Die Faszination und Bewunderung für die Natur hatte sie zu einem Biologiestudium bewogen. Seit dem Master Degree engagiert sie sich im Umweltschutz. Sie erwarb einen Master Degree in Publizistikwissenschaft, um über mediale Kommunikationen Beiträge zum Umweltschutz zu leisten. Mit informativen Erlebnisgeschichten möchte sie für die Schönheit und Einzigartigkeit der Natur begeistern und so indirekt für deren Schutz sensibilisieren.

ZU UNSEREN FOTOGRAFIEN

Die meisten Bilder in diesem Buch haben wir lediglich im Rahmen des Üblichen am Computer bearbeitet, so wie es auch für die großen Fotowettbewerbe zugelassen ist. Bei einigen wenigen Aufnahmen handelt es sich um Mehrfachbelichtungen. Es wurden weder Elemente aus verschiedenen Bildern zusammengefügt noch die Bildaussage nachträglich verfremdet. Bis auf die Geparden im Cheetah Conservation Fund, haben wir nur frei lebende, wilde Tiere fotografiert. Alle Fotografien entstanden mit *Nikon*-Gehäusen und -Objektiven.

DANKSAGUNG

Dieser Bildband wurde nur möglich dank der außergewöhnlichen Unterstützung von vielen engagierten Menschen. Wir möchten uns herzlich bedanken bei: Joachim Hellmuth und seinem Team vom C. J. Bucher Verlag in München sowie dem Grafiker Frank Duffek für die fantastische Zusammenarbeit, das Vertrauen in unsere Buchidee sowie deren professionelle Umsetzung; Marcel Gehring und Christoph Huckele von Knecht Reisen in Aarau sowie Botswana Tourismus, Namibia Tourismus, Air Namibia, KEA Cars, Drifters Adventure Tours und Wilderness Safaris für ihre massgebliche Mitwirkung bei den letzten drei Reisen; Marco Rosenfelder und Hannes Felchlin von Nikon Schweiz sowie Mike Winter für die Hilfe bei der ferngesteuerten Kamera; Fred und Onie Jacobs und allen Mitarbeiterinnen und Mitarbeitern auf der Bagatelle Kalahari Game Ranch in Mariental, ihren Nachbarn Peter, Judith und Kohus van der Westhuizen, Friedrich und Sieglinde Nauhaus aus Gobabis sowie Karin und Mario Metzger für ihre herzliche Gastfreundschaft und die nützlichen Informationen über die Landwirtschaft in Namibia; Laurie Marker und ihren Mitarbeiterinnen vom Cheetah Conservation Fund (CCF) für ihre wichtige Arbeit und die interessanten Einblicke in den Gepardenschutz; Graham McCulloch, dem Flamingoforscher aus Sowa, für die Zusammenarbeit; Tjou, Bessa, /'Khaitieb, ihren Familien und dem Team von Intu Afrika sowie N/aici Kaqece und der Bevölkerung von Makuri Village für die gemeinsame Zeit im Leben der Buschleute; George Tembo, Obonje Kamela und James Piseru, die unvergessenen Führer von Wilderness Safaris, der Belegschaft von Jacana Camp, Duba Plains und Vumbura Plains sowie Shaku Otora von Drifters Adventure Tours im Pom Pom Camp für die außergewöhnlichen Erlebnisse und Fotogelegenheiten im Okavangodelta; Super Sande und der Crew von Jack's Camp in der Makgadikgadi-Pfanne für die angeregten Diskussionen und Erlebnisse mit Erdmännchen und Brauner Hyäne; Sandra und Jeromy Dacey sowie ihrem Nachfolger Eric Botha vom Drifters Camp Maun, für ihre Freundschaft und Arbeit auf unserer Basis in Botswana; Daniela Franziscus, Daniela Burkart, Patrick Schaller und Lorenz Fischer für die erste kritische Durchsicht der Texte; Marlis und Josef Burri sowie Irma und Lorenz Fischer, unseren Eltern, für Rat und Tat in jeder Lebenslage und zahlreiche gemütliche Abende am heimischen Herd.

Zum Schluss ein besonderer Dank den Menschen in der Kalahari, die bereit sind, große, zusammenhängende Wildnisgebiete zu schützen, damit das wilde Afrika auch für künftige Generationen weiter pulsiert.

Im Rahmen des Kalahari-Projekts wurde parallel zum vorliegenden Bildband eine Multimedia-Show geschaffen, die ab Herbst 2007 in der Schweiz und im benachbarten Ausland auf Tournee gehen wird. Weitere Informationen entnehmen Sie bitte: www.kalahari-show.ch

Alle Angaben dieses Bandes wurden von den Autoren sorgfältig recherchiert und vom Verlag auf Stimmigkeit und Aktualität geprüft. Allerdings kann keine Haftung für die Richtigkeit der Informationen übernommen werden.
Für Hinweise und Anregungen sind wir dankbar. Zuschriften an den:
C. J. Bucher Verlag,
Produktmanagement, Postfach 80 02 40,
D-81602 München, E-Mail:
lektorat@bucher-verlag.de
Produktmanagement und Bildauswahl: Joachim Hellmuth
Lektorat: Kristin Bamberg
Grafisches Konzept, Umsetzung, Illustration: Frank Duffek, München
Herstellung: Bettina Schippel
Technische Produktion: Repro Ludwig, Zell am See
Printed in Italy by Printer Trento

ISBN 978-3-7658-1592-8